JEAN-PIERRE GINET

CONTES ET LÉGENDES DE LA DRÔME

JEAN-PIERRE GINET

CONTES & LÉGENDES
DE LA
DRÔME

E & R
éditions & régions

Photo de couverture : © Christian Rabrioux
Illustrations intérieures : Jean-Pierre Ginet.

Vous pouvez être informé de nos nouveautés et recevoir gratuitement notre catalogue sur simple demande à nos éditions.

Dumas-Titoulet Imprimeurs, 42000 Saint-Etienne
Dépôt légal : novembre 2003
N° d'imprimeur : 39670
Imprimé en France

8, rue Ampère – 26000 Valence – France.
I.S.S.N. : 1261-7644 — I.S.B.N. : 2-910669-49-1

Introduction

« … Un grand nombre de Français ignorent presque totalement ce qui a trait à la géographie et à l'histoire de la commune où ils sont nés.

Il y aurait cependant avantage à ce que tous connaissent bien la physionomie de la terre natale, ses ressources, la coutume, la langue de ses habitants, leurs traditions, contes, proverbes, le rôle qu'elle a joué dans le passé, les citoyens éminents qu'elle a enfantés… »

Maurice FAURE,
Ministre de l'Instruction Publique.

Maurice Faure, né à Saillans en 1850, fut également Député de la Drôme de 1885 à 1902, puis sénateur de 1902 à 1919. Écrivain et Félibre, il fonda « La Cigale ». Il est mort en 1919 dans sa commune natale après avoir brillamment défendu la langue d'Oc.

La légende de la Jaille

Il faisait bon vivre dans ce village alangui, appuyé contre un coteau des Préalpes, à une lieue de l'Isère, puissante rivière qui roule dans la vallée les eaux de la Maurienne et du Grésivaudan.

Protégés par le château de la Joncheraye, les habitants s'activaient au cours des longues journées de travail, dans les bois et les champs, tandis que les enfants gardaient les troupeaux de moutons et de chèvres dans les herbages.

Un jour, alors que des bûcherons effectuaient une coupe à l'orée d'un bois, ils entendirent des hurlements d'enfants et les bêlements de bêtes effrayées. Ils se précipitèrent dans la clairière d'où provenaient ces cris et découvrirent une dizaine de moutons éventrés.

Judith et son frère Pépin, enfants du manant Hugues Valès avaient disparu.

— Au secours ! au secours ! des moutons ont été égorgés et les enfants de Hugues sont introuvables !

— Les hommes s'armèrent de gourdins, de pics et de crocs et parcoururent la montagne sans retrouver les malheureux bergers.

Arnaud qui s'était enfoncé dans les fourrés, appela soudain :

— Venez voir, regardez ces empreintes fraîches, elles sont larges comme les sabots d'un cheval.

— On dirait plutôt les traces d'un énorme pied de sanglier, dit Guillaume.

Tout le monde fut d'accord pour reconnaître qu'il s'agissait bien d'un animal monstrueux.

Pendant plus d'un an, la bête ne fit plus parler d'elle, jusqu'à ce jour du mois de septembre, où une vieille femme qui ramassait des châtaignes pour les soirées d'hiver devant la cheminée, crut entendre des cris d'enfants, mêlés au galop de ce qu'elle prit pour un cheval.

Une battue forte de deux cents personnes

fut immédiatement organisée, mais elle ne donna pas plus de résultat que celle de l'année précédente. Un autre berger, le petit César avait lui aussi disparu.

La peur s'empara à nouveau du village, les troupeaux furent ramenés dans la plaine et on interdit aux femmes et aux enfants de s'aventurer seuls dans les bois. Désormais, les déplacements ne s'effectuaient plus qu'en groupe, et accompagnés d'hommes fortement armés.

La nuit de Noël de l'an 776, comme chaque année, les villageois qui n'avaient pas d'église, se rendaient en cortège à l'Écancière pour y entendre la messe de minuit. Après la cérémonie, ils se retrouvaient au presbytère pour partager les mets d'un modeste réveillon.

À l'idée de ses joyeuses agapes, on plaisantait, on riait, on chantait. Le groupe avançait joyeusement dans la lumière bleutée des rayons de la lune, réfléchie sur la neige fraîchement tombée.

Soudain, au détour du chemin, une énorme bête se jeta sur les pèlerins. Ceux-ci firent front avec leurs torches enflammées pour se défendre et réussir à chasser l'animal que les villageois baptisèrent, la « *Jaille* », mot qui signifie bête en dialecte Dauphinois.

Au lendemain des fêtes, le seigneur Roche de la Joncheraye, demandait de l'aide au comte de Grenoble. Et c'est ainsi, que le dernier jour de l'an 776 du calendrier Julien, une brigade de trente lanciers à cheval, arrivait au château.

Le jour même, cette troupe grossie de plusieurs centaines de volontaires, entreprit de traquer la bête féroce. De buissons en fourrées, la forêt toute entière fut explorée, mais en vain. Seules les empreintes gigantesques étaient présentes, elles conduisaient à une grotte d'un accès impossible.

C'était d'après la légende, la résidence de trois fées qui l'habitaient au temps des Celtes. Faite de gouffres et de cavités impénétrables, la baume des fées était devenue la caverne de la *Jaille*.

Au bout d'une semaine, on dut abandonner les recherches. Désappointé, Roch de la Joncheraye convoqua les notables des sept hameaux de son mandement.

— Mes amis, nous avons tout essayé pour chasser cette bête carnassière, qui dévore nos enfants et nos moutons, il ne nous reste plus qu'à prier et à demander la protection de Dieu.

— Mais comment prier Messire, puisque nous n'avons pas d'église ?

— Très juste Thibaut. Nous avons construit des maisons, un château fortifié, amené l'eau par des aqueducs, mais nous n'avons pas pensé à bâtir une demeure pour celui que nous implorons aujourd'hui. Je fais le serment que si la bête est tuée, je consacrerais tout mon argent et le temps qu'il me reste à vivre, à l'édification d'une grande chapelle qui pourra recevoir tous les habitants de ma seigneurie.

Quelques mois plus tard, c'était le quinze août jour de l'Assomption, le jeune Luc conduisait son troupeau au bord du ruisseau le Cerne, quand la *Jaille* surgit la gueule béante prête à tout dévorer. Soudain, elle fut paralysée par l'éblouissement d'un faisceau lumineux. Luc se retourna en direction de la lumière et remarqua la présence d'une jeune femme, toute vêtue de blanc, un voile sur la tête. Elle s'avançait vers l'animal, un glaive dans la main droite.

— Arrière *Jaille* immonde, dévoreuse d'enfants.

Elle lança son arme sur le monstre qui tomba frappé à mort. Puis, elle se retourna, le visage souriant, et s'adressa sur un ton bienveillant au jeune homme.

— N'aie pas peur Luc, va dire aux gens des sept hameaux que la *Jaille* est morte, qu'ils n'ont plus à trembler pour leurs enfants et leurs troupeaux. Rends-toi au château de la Joncheraye pour rappeler à ton maître le seigneur Roch, la promesse qu'il a faite, car l'heure est venue !

Sur ces paroles la dame disparut.

Dès qu'il eut repris ses esprits, le berger se précipita au château où l'on célébrait la messe en l'honneur de la Sainte-Vierge, dans la cour devant l'oratoire.

Sans se soucier d'interrompre la cérémonie, il cria :

— La bête ! la bête !

— Quoi la bête ! elle est revenue ? demanda Roch.

— Non, Messire… la bête… elle est morte !

— Que dis-tu mon garçon ?

— Oui Messire ! le monstre est couché dans la clairière, percé par un glaive, au bord du ruisseau.

Le curé avait juste eu le temps d'enlever sa chasuble, que ce beau monde était parti sur les lieux indiqués par le berger.

La bête gisait là, sur le côté : c'était un énorme animal, aux larges pattes, munies de griffes, au cou allongé, surmonté d'une tête hideuse, terminée par un groin à la mâchoire armée de longs crocs acérés.

Le châtelain prit la parole :

— Mes amis, il ne fait aucun doute que la Dame vêtue de blanc, est la Sainte-Vierge qui a entendu notre appel. Rendons-nous au coteau du Chaperon, pour enterrer ce monstre et sur sa sépulture, nous bâtirons une chapelle, dans laquelle sera conservé le glaive d'or.

Il en fut fait ainsi.

En 785, était inaugurée la chapelle Notre-Dame de l'Assomption, en souvenir de la mémorable journée du 15 août 777. La dépouille de la bête se trouvait dans le chœur, sous le maître-autel. Au-dessus dans une châsse en verre était conservé le glaive d'or de la Sainte-Vierge. Une gigantesque sculpture représentait le monstre.

Que pouvait bien être cette bête ?

Certains supposent qu'il s'agissait d'un vieux sanglier solitaire, d'autres penchent pour un loup.

Cependant, la description de la bête carnassière correspond d'avantage à celle d'un ours. Ces mammifères plantigrades étaient fort nombreux autrefois dans le Royans.

En tout cas pour les habitants l'intervention de la Sainte-Vierge enlevait toute équivoque, c'était le diable !

Ils appelèrent ce lieu Jaillans, c'est à dire le pays de la *Jaille*.

La sieste de Léon

IL y avait beaucoup d'agitation ce matin du 2 août 1849 dans la rue Archinard à Saillans.

Pensez, la Génerie venait de donner un héritier à son mari, Antoine Eymard.

La nouvelle fut rapidement colportée par le père Faure, qui, descendant la rue, répétait à tout le monde :

— Vous savez la nouvelle ! Eymard a eu un fils et même qu'il l'appelle Léon.

— Eymard ? Eymard Feroul, ou celui de la Maladrerie ? demanda la mercière.

— Eymard l'Anglais, celui qui reste dans la rue Archinard.

À Saillans comme dans tous les villages et hameaux, on avait l'habitude pour reconnaître les familles issues d'une même souche, de faire suivre leur nom de celui de leur quartier ou de l'accompagner d'un sobriquet. Les Eymard devaient ce surnom à leur visage au teint clair parsemé de taches de rousseur, surmonté d'une abondante tignasse rousse, qui contrastait avec le type dauphinois des autres Saillansons.

Si la mère de l'empereur des Français fut en son temps « l'Italienne » et que le docteur Schweitzer deviendra plus tard le « Boche », Antoine Eymard, lui, était « l'Anglais ».

L'enfance du futur poète s'est déroulée comme celle de tous les Saillansonnais habitant le bourg.

Hormis le temps de vacances, où on les envoyait chez des parents à la campagne pour courir dans les champs tout en aidant aux travaux de la ferme, il y avait l'école ! et entre les heures de classe ils s'égayaient dans les ruelles avoisinant les demeures paternelles. Le labyrinthe de ces violes était idéal pour se cacher, se poursuivre. Pour Léon, rue Rôderie, rue de Bonne, étaient les plus proches pour ses « départs » de la rue Archinard.

Après son certificat d'études, il quitta l'école communale où il s'était signalé par un esprit d'à-propos, dans ses reparties. Son diplôme en main et maîtrisant plus que correctement la langue française ; il lui fallait comme tous ceux dont les vignobles ne pouvaient fournir un revenu suffisant, trouver une activité complémentaire. Il acheta un cheval et une carriole, et devint « commissionnaire ».

Le chemin de fer existait déjà dans la région depuis quelques années, apportant un renouveau d'activités tout au long de son parcours. Mais il avait un inconvénient majeur, celui de s'arrêter à Crest. Léon transportait donc voyageurs et marchandises d'un lieu à un autre. Crest, Aouste, Mirabel, Blacons, Piegros, La Clastre, Aubenasson, Saint-Sauveur, Espenel, Vercheny, et beaucoup d'autres localités de la vallée de la Drôme virent passer Léon, moustaches au vent et fouet en main.

Ses livraisons lui donnaient l'occasion, pour son plus grand plaisir, de passer de bons moments dans les auberges et les cafés, tout au long de ses parcours. Doué d'un don d'observation exceptionnel, souvent railleur mais toujours bon enfant, il engrangeait tout ce qu'il voyait et attendait, pour le traduire en des vers bien balancés.

Parallèlement à cette activité qu'il conserva tant qu'il eut la force et la santé pour l'exercer, il vivait en propriétaire comme l'avaient fait avant lui son père et son grand-père. Il possédait plusieurs sétérées qu'il cultivait en dilettante, dont une vigne au quartier du « plot ». Cet arpent était délimité dans le bas par un mur de pierres sèches, de ces pierres qui semblent rejetées du centre de la terre et que les paysans ramassent inlassablement les empilant les unes sur les autres. Les raisins du Plot étaient du cépage dont les grains en forme de petites olives produisent le vin blanc dont on fait la Clairette[1].

La parcelle de dessous, entièrement close, était la propriété d'une vieille fille nommée Philomène. C'était un potager aux carrés bien réguliers, disposés autour d'un bassin ovale, alimenté en eau par les pluies et une source qui ne coulait qu'épisodiquement, mais cela suffisait ! À raison d'un arrosoir de sept litres par jour, il aurait fallu plus de six mois pour vider les douze mètres cubes de

[1] Vin mousseux réputé (Clairette de Die).

cette réserve. Au fond du jardin, une cabane de pierre appuyée contre le mur de Léon, dépassait suffisamment pour que celui-ci y ait adossé une tonnelle, sous laquelle il aimait à faire la sieste.

La Philomène, Léon ne la voyait jamais, il l'entendait tout au plus. Travaillant uniquement le matin et s'arrêtant quand sonnait l'angélus de midi. Il se rendait alors sous la tonnelle, enlevait la serviette qui recouvrait son panier, l'étendait délicatement sur la table et sortait ses victuailles : des tomates, des oignons, des œufs durs, une cuisse de poulet, une saucisse, un bout de lard, deux ou trois tommes de chèvre, et un bon morceau de pain. Après avoir contemplé cette appétissante composition de nature morte, il tirait la corde du puits et remontait une bouteille de vin clairet bien fraîche. Il pouvait alors déjeuner avec tout le cérémonial qu'il accordait à ce moment privilégié.

Après le repas, il s'allongeait par terre la tête bien calée sur sa veste pliée en forme d'oreiller et s'endormait du sommeil du juste pour se réveiller quelques heures plus tard.

Après s'être rendu au bord de la Drôme pour relever son carrelet de pêche ; il allait suivant la saison, jouer aux boules, ou au café pour une partie de carte.

Mais pour en revenir à Philomène, celle-ci consacrait la matinée aux commissions et aux tâches ménagères. C'est seulement l'après-midi qu'elle se rendait au jardin.

Léon entendait dans un demi sommeil son arrivée signalée par le grincement du portail du clos, puis le clapotis de l'eau qui s'écoule de l'arrosoir ; mais cela ne le dérangeait pas, au contraire ; le gargouillis du liquide qui tombe sur les salades et les radis avait quelque chose de rafraîchissant qui facilitait son assoupissement.

Depuis quelques temps, il était intrigué et irrité par les agissements de la vieille fille, qui s'enfermait dans son cabanon et marmonnait pendant de longues minutes avec, par moments, des lamentations et des gémissements qui le réveillaient. Léon ne comprenait pas ce qu'elle disait, mais ce bourdonnement ponctué de plaintes lui gâchait sa chôme[1]. Il était obligé de rentrer sans avoir dormi son saoul, ce qui le mettait de mauvaise humeur pour le reste de la journée.

Un matin, pour en avoir le cœur net, il emprunta une échelle à un voisin, l'appuya contre le mur de la cabane et monta jusqu'à la hauteur de l'œil de bœuf qui éclairait la pièce, il enleva les toiles d'araignées poussiéreuses, dégagea l'ouverture et réussit à passer la tête. Ce qu'il vit l'étonna beaucoup. La chabote[2] était aménagée en reposoir : une table recouverte d'un drap blanc formait l'autel, au milieu duquel trônait une grande vierge en Saint-Sulpice, tenant l'enfant Jésus dans ses bras. De chaque côté, Philomène avait disposé un chandelier. Le sol garni de vases de fleurs, laissait juste la place d'un prie-Dieu. Voilà l'origine du bruit ! Pardi ! c'était Philomène qui récitait son Rosaire.

Ayant réalisé que le dos de la statue lui permettait de tenir sa tête cachée, Léon déci-

---

1 Sieste.

2 Nom donné dans la Drôme à une petit cabanon de jardin.

da de sacrifier sa sieste, c'est dire si la chose le tenait ! Il faillit s'endormir à plusieurs reprises, mais chaque fois quelque chose se passa pour le tenir éveillé. La pipe tout d'abord tomba de sa bouche, ensuite un chat vint se frotter à lui, puis ce fut les cris d'un vol de corneilles qui passa au dessus de sa vigne.

Enfin, la vieille fille arriva vers treize heures trente comme à son habitude. Notre homme dut patienter encore pendant le préambule de l'arrosage ; puis n'entendant plus de bruit, il grimpa à l'échelle : Philomène allumait les cierges.

Elle portait une robe noire passée et satinée par l'usure de nombreux lavages. Un chemisier blanc dépassait, bien serré autour d'un cou démesurément long, surmonté d'une petite tête au profil aquilin. On aurait dit un oiseau de proie !

Philomène s'installa sur son prie-Dieu et commença à prier. Un *Pater*, dix *Ave*. Un *Pater*, dix *Ave*. Il n'y avait rien d'anormal dans son comportement.

Léon commençait à se sentir gêné dans sa position de voyeur. Après tout c'est une brave fille, pensa-t-il, qui prie pour ceux comme moi qui ne savent plus le faire.

Il se sentait tout honteux et s'apprêtait à se retirer discrètement, quand la pénitente se mit à s'agiter. Le corps dressé devant la statue de la Vierge, secoué de spasmes hystériques, telle une possédée, elle lâchait par moment des cris de lamentations incompréhensibles. Puis d'une voix haute et intelligible elle lança :

— *Santo Viergo, douno mi oun hommo*[1] *!*

Léon qui pourtant avait bien entendu resta interloqué.

La vieille fille recommença à s'agiter puis formula une nouvelle fois sa supplication :

— *Santo Viergo, douno mi oun hommo !*

Et cela à plusieurs reprises, comme une litanie.

L'œil malicieux de l'humoriste s'alluma, il fallut même qu'il se contienne pour ne pas éclater de rire. Une idée lumineuse lui traversa la tête ! À la énième demande de Philomène.

— *Santo Viergo, douno mi oun hommo !*

---

1 — Sainte-Vierge, donne-moi un homme !

Une voix contrefaite qui aurait pu être celle de l'enfant Jésus, répondit :

— *Sias trop laido, sias trop laido, ma fillo.* [1]

La drôle de paroissienne en resta médusée. Certes, elle implorait la Sainte-Vierge pour être exaucée, mais ce n'était pas pour recevoir une réponse de la sorte, et de l'enfant Jésus qui plus est.

Pensant être en proie à un délire, elle reprit de plus belle ses prières, qu'elle ponctua immanquablement par la demande qui lui tenait à cœur. La petite voix répondait, aussi immanquablement :

— *Sias trop laido, sias trop laido, ma fillo !*

La colère commençait à monter en elle, et, prenant un ton agressif, elle reposa la question ; appuyant bien sur chaque mot :

— *Santo Viergo, douno mi oun hommo !*

— *Sias trop laido, sias trop laido,* reprit une nouvelle fois la petite voix.

Alors, le visage cramoisi, exaspérée, les yeux injectés de sang ; elle leva le regard vers

---

[1] — Tu es trop laide, tu es trop laide, ma fille.

l'enfant Jésus que la statue de la Vierge tenait dans ses bras, et lui lança :

— *Caise-te, Marri merdeux, te demando rin, parlave à ta mero*[1] *!*

La Philomène décampa aussitôt et resta terrée chez elle plus d'un mois. Quand à l'histoire, elle faisait le tour de Saillans.

---

1 — Tais-toi, merdeux de Marie, je ne te demande rien, je parle à ta mère !

Les curieux moines du Valcroissant

CONNAISSEZ-VOUS le Glandasse ? Cette montagne sauvage qui domine le Diois. Petit frère du Vercors, blotti tout contre lui, il offre ses plateaux et ses bosses truffés de bergeries, aux moutons de la transhumance.

Cette terre dauphinoise, ancestralement colonisée par les bergers de Provence, a vu passer pendant des siècles les troupeaux qui remontaient de la Crau, ou de la Camargue au son des galoubets et des tambourins. Pour accéder aux plateaux, ils empruntaient les défilés creusés par les eaux dans les rochers, à Chamaloc, à Marignac ou encore à Romeyer et à Valcroissant.

Au milieu des genévriers aux baies brunes, des buis et des genêts cendrés pousse une variété de pins très spéciaux : les pins maugho dont on extrait la poix. Ce travail était laissé traditionnellement aux bergers. Ceux-ci occupaient leur longues journées à découper en larges copeaux les écorces de pin qu'ils faisaient cuire dans des fours de pierre, pour en récupérer la résine.

Les pâtres provençaux furent longtemps les rares habitants de la montagne du Glandasse. Les seuls humains tout au moins, car une multitude d'animaux avaient depuis les temps les plus reculés, investi cette montagne à l'accès difficile, à la fois aride et hospitalière. Le Glandasse s'était peuplé de taupes, mulots, loirs, campagnols, musaraignes, marmottes mais aussi de lièvres, renards blaireaux, belettes, putois. Alors que les mouflons, cerfs, chevreuils, chamois se disputaient les crêtes des sommets et que les sangliers faisaient régner leur loi au fond des combes, les maîtres des lieux, les ours, occupaient les grottes au-dessus desquelles les aigles tournoyaient.

C'est dans le site retiré de Valcroissant, à l'écart du monde, sous les falaises rousses des murailles du Glandasse, que les moines de Die venaient méditer, à l'abri du tumulte de la ville. Seuls les gémissements du vent dans les goulets et les violes, étaient là pour leur rappeler les prières qui doivent être dites pour le repos des âmes du purgatoire. Une eau pure et abondante descendait des plateaux par un torrent qui se déversait en cascades de bassins en bassins. Il n'en fallait pas plus pour que les hommes de Dieu décident d'établir un couvent et d'installer un élevage de truites.

Au début les poissons étaient destinés à la table du monastère, comme les légumes du potager, mais les moines produisant plus que leurs besoins en nourriture, prirent la décision de vendre leurs produits sur le marché de Die. La chair des truites du Valcroissant était fort appréciée, surtout par ceux qui avaient la chance d'être reçus à la table de l'évêque, régulièrement approvisionnée par nos moines cisterciens.

Certains marchands jaloux exhumèrent un règlement ancien : « Chacun pouvait pêcher pour soi, mais il était interdit de vendre le produit de sa pêche » celle-ci n'étant pas le fruit d'un travail, mais un don de Dieu. Les partisans des moines firent valoir que ce règlement ne pouvait s'appliquer puisque les poissons provenaient d'un élevage. L'évêque de Die, choisi comme arbitre, se rendit tout naturellement à cette évidence et déclara que désormais, les moines du Valcroissant pourraient vendre leurs truites sur le marché de Die, d'autant que celui-ci se tenait justement le vendredi, jour maigre, réservé à la consommation du poisson.

Et c'est ainsi que l'élevage de truites des moines du Valcroissant devint la principale source de revenus du monastère. Tous les jeudis après-midi, frère Marcel péchait une vingtaine de kilos de poissons, parfois plus, que le frère tourier, descendait à Die, le lendemain après matines.

Or ce jeudi du 23 décembre 1270, frère Marcel, se rendait au bord de l'eau avec son épuisette, ses seaux et un pic pour briser la glace, car l'hiver était particulièrement rigoureux cette année là. Quelle ne fut pas sa surprise quand il s'aperçut que les bassins avaient été saccagés et dépeuplés d'une partie de leurs poissons. Il courut immédiatement avertir le père abbé qui, suivi de tout le couvent, vint s'assurer de la triste vérité.

— Ce sont les ours ! ce sont les ours ! s'écrièrent, les novices, les moines et les moinillons.

Les ours friands de poissons pêchaient habituellement à la fontaine de Juillet, le plus haut des bassins naturels alimenté par le torrent.

Le père abbé décida de s'y rendre pour leur parler :

— Ours du Valcroissant ! depuis que nous sommes installés ici, nous avons toujours vécu en paix. Comme vous étiez les premiers occupants, nous vous avons laissé le fruit de la pêche dans le torrent, nous satisfaisant de nos truites d'élevage ! Alors pourquoi avoir rompu la trêve en trompant notre confiance ? Dieu qui vous protège, saura vous punir si vous recommencez ! Par contre si vous vous repentez, nous resterons vos amis et vos défenseurs.

Le prieur ne reçut évidemment pas de réponse, il n'en n'attendait pas du reste.

Le lendemain, veille de Noël, on demanda à Dieu de ramener à la raison les ours du Valcroissant et on proposa même de consacrer les trois messes de minuit à prier pour eux.

Le soir, alors que les moines s'affairaient autour de l'autel, la porte de la chapelle grinça, et sept silhouettes se glissèrent par l'entrebâillement éclairé faiblement par la lune, et vinrent prendre place sur les bancs réservés à l'assemblée. Les moines furent surpris car personne ne venait jamais assister aux offices en période hivernale.

L'été, par contre, tous les dimanches c'était la fête ! les bergers se retrouvaient à l'abbaye. Ils déposaient des offrandes, jouaient des pastorales et chantaient en langue provençale. Mais la nuit de Noël les religieux restaient les seuls habitants de la vallée perdue.

Il arrivait pourtant, que la communauté donne asile à des pélerins, ou à des moines venant d'autres monastères bénédictins, pour effectuer des travaux de maçonnerie, de charpente, de ferronnerie, et assurer l'entretien du couvent.

Surpris par cette arrivée inattendue, certains, comme le frère Hyacinthe, se laissèrent distraire de leur recueillement. En apercevant les robes de bure des visiteurs, il glissa à l'oreille du grand chantre :

— Ce sont des franciscains et peut-être même des capucins !

La nouvelle se répandit dans les stalles du chœur, et bientôt tout le monde sut, que des confrères étaient venus assister à la messe et allaient probablement passer les fêtes de Noël avec les moines du Valcroissant.

Sept invités de plus, mis en appétit par une longue marche à travers les bois enneigés, ce n'est pas rien à nourrir. Frère Rodrigue, le cuisinier, se remémorait les réserves du garde manger. Comment allait-il assurer un repas pour tout ce monde ? Il n'était pas le Christ pour multiplier la nourriture…

Alors que ses frères récitaient le Pater, il marmonnait :

— Il faudra décrocher un jambon de plus, ouvrir un bocal de pâté de grives. Pour la volaille on réduira les parts. Pourquoi ne pas allonger la sauce du civet de sanglier et y rajouter quelques morceaux de poitrine de porc ? Le pain ne manque pas, il en reste pour huit jours. Quant aux fromages ils s'affinent dans les caves, c'est bon !

Le maître queux du monastère arbora un

sourire de contentement que le père abbé prit pour de l'extase, quand il entonna :

— *Secula, secularum.*

— *A... me... en,* répondit Hyacinthe, qui sortant de sa torpeur, rejoignait dans le final l'ensemble de la Communauté.

Pendant l'office, les visiteurs furent très discrets, laissant les cisterciens chanter, seuls, les réponses au célébrant. Ils ne s'avancèrent même pas pour recevoir la communion, se contentant d'opiner du bonnet, pendant les lectures en signe d'approbation.

Le dernier évangile n'était pas terminé qu'ils partirent comme ils étaient venus. Les moines attendirent l'*Ite Missa est*, pour sortir sur le parvis, mais il n'y avait personne. Ils appelèrent :

— Mes frères, où êtes-vous ? Nous vous attendons pour le réveillon.

Seules des traces de pas, qu'effaçait peu à peu la neige en tombant, étaient encore là pour leur prouver qu'ils n'avaient pas été victimes d'une hallucination. Très déçus, ils rentrèrent et la nuit se déroula comme toutes les années.

Le lendemain, quand ils se rendirent aux bassins, ils découvrirent ceux-ci rempli de truites, des truites qui ne pouvaient venir que du torrent. Mais comment étaient elle arrivées là ?

Dieu, à n'en pas douter, avait en cette nuit de Noël, prêté une âme humaine aux ours du Valcroissant et ceux-ci en réponse aux suppliques du Père abbé en avaient profité pour se racheter.

La nuit de Noël des habitants de Béconne

DANS les Préalpes de Haute Provence, le village de Béconne est construit sur les plus basses pentes de la montagne de la Lance, où le Lez prend sa source. Traversé par la route qui relie Nyons à Dieulefit, il s'est épanoui au milieu des buis et des chênes verts.

C'était la nuit de Noël d'une année déjà bien ancienne. Béconne n'avait plus d'église depuis les guerres de religion. D'ailleurs, à quoi cela aurait-il servi, puisque la plupart des habitants s'étaient rangés derrière la bannière des réformés.

Aussi, la châtelaine des lieux, réunissait chaque année les habitants catholiques pour une veillée dans les vastes salles du rez-de-chaussée du château. On y mimait la Nativité et on chantait des cantiques, afin de se tenir éveillé. À onze heures, un cortège se formait pour se rendre à Montjoux où ces fervents chrétiens allaient entendre la messe de minuit.

La nuit était claire et le ciel étoilé, la fine couche de neige tombée dans la journée, craquait sous les pas. À la lueur des torches, le groupe descendait joyeusement dans un brouhaha de prières, de chants religieux et de conversations.

Soudain, le vent se leva, un éclair traversa le ciel et un grondement de tonnerre se fit entendre.

— Un orage se prépare, fit remarquer quelqu'un.

— Il serait plus prudent de rebrousser chemin, proposa un autre.

— Il n'en est pas question, rétorqua la châtelaine, Dieu a protégé les mages et les bergers en leur envoyant une étoile pour leur montrer la route de Bethléem, il nous épargnera nous aussi.

Ils avaient déjà parcouru la moitié du trajet et après de telles paroles, n'avaient plus rien à craindre. Cependant, l'orage redoubla, les grondements du tonnerre répercutés en écho dans les gorges du Lez, ressemblaient davantage aux roulements des tambours du jugement dernier, qu'aux chants des chérubins. Les éclairs se succédaient à une fréquence telle, que le ciel restait illuminé en permanence. Bref, c'était l'apocalypse !

À chaque pas, la caravane était arrêtée par un nouveau torrent. Soudain, un porteur de torche lança :

— À la baume du Sarrasin !

— À la baume du Sarrasin, reprirent en chœur les membres de la troupe, plus soucieux désormais de se mettre à l'abri, que d'assister à la messe de minuit.

— Arrêtez ! arrêtez, cria une voix étrangère au groupe, mais dans l'affolement général, personne ne semblait l'entendre.

— Arrêtez, arrêtez, vous ne passerez pas, retournez à Béconne, insista la voix qui s'était rapprochée.

Dans l'instant d'un éclair, on aperçut deux yeux exorbités au milieu d'une face à la barbe et à la chevelure hirsute : c'était Jean-Baptiste « celui de la montagne », un ermite troglodyte qui se nourrissait de champignons et de fruits sauvages ; passé maître en l'art de poser des collets, il connaissait la lande comme sa poche.

— Alors que je dormais dans la baume, fit-il, un grondement souterrain est venu frapper mon oreille, puis le sol a tremblé comme si la terre s'ouvrait. Il va se passer quelque chose ! Retournez à Béconne.

Les pèlerins de Noël n'eurent pas le temps de rebrousser chemin, la foudre tomba à plusieurs reprises sur les sommets qui volèrent en éclats. Le Lez sortit de son lit, roulant dans ses eaux d'énormes rochers. Croyant la fin des temps arrivée, les pauvres gens se jetèrent à genoux pour prier. Gardant son sang-froid, la châtelaine s'adressa à la Sainte-Vierge :

— Mère de Dieu, si en mémoire de cette nuit de la Nativité qui sauva le monde, vous conservez la vie à mon peuple, je vous promets de faire bâtir une chapelle où votre nom sera vénéré.

L'orage cessa comme il était venu. On alla chercher des fagots dans la grotte de l'ermite et on alluma un grand feu pour se réchauffer et se sécher.

Grande fut la surprise de nos rescapés, quand il aperçurent à la lueur des flammes, que la vallée du Lez avait été remplacée par un lac dont les eaux n'arrêtaient pas de monter. Les rochers tombés de la montagne s'étaient agglutinés les uns contre les autres, obstruant la rivière et créant un important barrage.

Madame de Béconne comprit tout de suite le danger que ce lac représentait pour Montjoux. Le barrage céderait forcément à un moment ou à un autre, et le village serait englouti.

On dépêcha l'ermite auprès des habitants qui étaient réunis dans l'église. Ceux-ci priaient et remerciaient Dieu de les avoir épargnés.

— Au secours ! au secours ! cria l'ermite.

— Ne craignez rien mon fils, le danger est passé, lui répondit le curé.

— Il n'est pas passé du tout, il est dans la montagne.

Alors Jean-Baptiste raconta les événements de la soirée.

Armés de pics et de barres de fer, les hommes rejoignirent sur la colline les habitants de Béconne. Les efforts de tous furent nécessaires pour rouler les roches et ouvrir une brèche, par laquelle les eaux du Lez purent s'écouler lentement.

Dans la matinée, tout risque d'inondation était écarté. Les habitants décidèrent alors de se rendre à Montjoux pour assister à la messe de Noël comme si rien ne s'était passé.

Au printemps suivant, on posait à Béconne la première pierre d'une chapelle dédiée à la Vierge Marie. La châtelaine avait tenu sa promesse.

La mariée de Montségur

C'ÉTAIT grande fête au château de Montségur, en cette journée du 25 juin 1715. Le seigneur des lieux, le vicomte de Quinson mariait son fils avec la belle Lucie, fille du Comte Arnaud de Précontal.

Sur l'esplanade, au pied du perron ; c'était un ballet incessant de carrosses chamarrés, d'où descendaient des dames, portant des jupes à panier et des corsages échancrés agrémentés de dentelles. Bref ! On se serait cru à la cour de Versailles.

À l'intérieur de ce vieux château féodal, des marmitons portant d'immenses plats d'argent garnis de toutes les viandes rouges et blanches que le comté pouvait proposer, évoluaient autour des tables chargées de fruits et d'entremets. Le festin s'était déroulé dans un brouhaha général, effet du bonheur des jeunes époux et de la bonne humeur des convives.

— Si nous faisions une partie de cache-cache ? lança une demoiselle d'honneur.

— Pourquoi pas ! reprit la mariée ; et tout le monde se leva.

Les invités se répandirent furtivement dans tous les couloirs à la recherche de coins discrets pour s'y cacher. Ce jeu était l'occasion pour certaines élégantes, de se laisser lutiner en tout bien tout honneur, par les hommes les plus entreprenants.

Lucie avait donné le signal du départ, et c'est elle qui devait en signaler la fin.

Rapidement tous les participants furent retrouvés, à l'exception de la mariée. Lucie était introuvable ! tout le monde se mit à sa recherche.

On appelle, on crie ; le jeu continue toujours dans la bonne humeur. Puis, peu à peu, les rires s'estompent, laissant place à l'inquiétude.

La nuit durant, chacune des pièces du château sera visitée plusieurs fois. Point de Lucie… Au bout de trois jours d'exploration, il fallut se rendre à l'évidence, Lucie avait disparu.

Dans les jours qui suivirent, toutes les hypothèses furent envisagées, on soupçonna un campement de bohémiens installé au pied du château. Ces pauvres gens arrêtés et emprisonnés ne purent avouer un crime qu'ils n'avaient pas commis.

Certains pensèrent que ce mariage avait été contracté sans l'assentiment de la jeune fille et que celle-ci s'était enfuie à l'occasion du jeu pour rejoindre un amoureux.

Cette version romanesque avait l'avantage de satisfaire tout le monde, sauf le malheureux vicomte de Quinson.

Pendant plus d'un an, madame de Précontal pensa que sa fille était toujours vivante, encouragée en cela par la prédiction d'une bohémienne qui lui avait dit : « De ton vivant, tu reverras ta fille » ; mais avec le temps, elle perdit espoir, pensant que Lucie était probablement tombée dans le précipice qui bordait le château.

Il faut dire que des disparitions incompréhensibles s'étaient déjà produites dans le passé. Elles étaient signalées par des croix, que les châtelains faisaient poser chaque fois, et sur lesquelles étaient inscrits les noms des personnes disparues.

Aussi, avant de se retirer dans un couvent, la comtesse fit ajouter une croix, sur laquelle on pouvait lire : Lucie de Précontal.

Les vicomtes de Quinson pensant que cette malheureuse histoire avait quelque chose de diabolique, vendirent cette demeure.

Le nouveau propriétaire, le comte de Moy, ignorant le passé maléfique du château, vivait joyeusement au milieu des fêtes, des chasses et des banquets.

En 1747, à l'occasion d'une de ces fêtes, on parla de la disparition de Lucie. Un des hôtes, Monsieur de Rabastins, demanda à visiter le vieux château, à la recherche de ses secrets.

Il se trouvait à cet endroit du souterrain, où les amis de Lucie avaient vu la jeune mariée pour la dernière fois. N'ayant rien découvert d'extraordinaire, fatigué et découragé, il s'appuya contre la muraille. Soudain, un mécanisme se mit en route permettant à un pan de mur de se déplacer. Rabastins n'était pas homme à s'émouvoir de si peu. Heureux d'avoir trouvé enfin l'énigme, il franchit d'un pas décidé le seuil du passage qui venait de s'ouvrir.

À peine était-il entré, que sous le poids de son corps, le mécanisme jouant en sens inverse, referma l'ouverture.

Rabastins était prisonnier dans un vestibule de forme circulaire. Pour sortir de ce piège, il fit le tour de la pièce, palpant systématiquement toutes les pierres. Son intuition était juste, puisqu'il entendit un bruit de rouage, mais ce fut un autre passage qui s'ouvrit, donnant accès à un escalier. Il descendit quelques marches en tâtonnant dans la plus complète obscurité et se trouva dans une salle souterraine, dans laquelle il recommença ses investigations contre la muraille, mais cette fois, rien ne se passa.

À plusieurs reprises il remonta et descendit l'escalier en appelant au secours. Mais qui pouvait l'entendre ! C'est alors qu'il discerna une lueur dans la pièce du bas, que laissait filtrer un soupirail. Il appela de nouveau, mais constata que ses cris n'atteignaient pas l'extérieur. Il comprit alors qu'il était emmuré vivant et songea à ce qu'avait pu être l'agonie de Lucie de Précontal, si toutefois elle avait connu la même aventure. Après quelques minutes, ses yeux s'étaient habitués à la lumière de ce simple fanal et il pouvait distinguer nettement tout ce qui était dans la pièce.

En se retournant, il eut une vision d'horreur et s'évanouit. En reprenant ses esprits, il put constater que Lucie de Précontal était assise là, dans un fauteuil en face de lui. Elle tenait à la main le mouchoir brodé de ses noces, et avait au cou le collier de perles d'Orient que le vicomte de Quinson lui avait offert. Bien que sa robe tomba en lambeaux, son corps déshydraté s'était momifié.

Soudain une forme légère frôla Rabastins, il eut un sursaut pensant qu'il s'agissait d'un rat, mais fut rassuré quand il entendit un ronronnement.

C'était Mistigri le chat de la maison que le jeune homme connaissait bien pour lui avoir donné quelques gâteries à l'occasion des repas, auxquels l'animal ne manquait pas d'assister pour réclamer sa part auprès des convives.

Rabastins prit le chat dans ses bras, le caressa et lui noua autour du cou un mouchoir brodé à ses initiales ainsi que celui trouvé sur Lucie. Mistigri fit un bond et disparut par le soupirail.

Le malheureux garçon dut attendre vingt quatre heures pendant lesquelles alternèrent des moments d'espérance et de désespoir. Ce ne fut que le lendemain, en fin de matinée, qu'il entendit des appels, ainsi que des coups de pioches et de pics. Les sauveteurs avaient bien localisé sa présence, mais n'arrivaient pas à élargir le soupirail, passage par lequel ils pénétrèrent enfin.

Tous joyeux de retrouver le jeune homme sain et sauf, ils furent épouvantés à la vue du spectre de Lucie qui se désagrégea rapidement au contact de l'air. Elle avait sur ses genoux un bréviaire sur lequel on pouvait lire ces mots gravés avec ses ongles : « Vous qui arrivez en ce sombre séjour, priez Dieu, car vous n'en sortirez pas plus que Lucie de Précontal en ce 25 juin 1715 ».

Le comte de Moy envoya chercher Madame de Précontal qui pu revoir sa fille ou du moins ce qu'il en restait. La prédiction de la gitane était accomplie.

Pour éviter qu'un tel drame ne se reproduise, les propriétaires du château firent abattre les murailles à l'intérieur desquelles on trouva un savant mécanisme. Selon certains, il s'agissait d'une machinerie installée par un horloger italien pendant les guerres de religions, pour le compte du baron des Adrets. Une autre version veut que cette installation remonte au moyen-âge et que l'antre si bien protégé ait été le laboratoire d'un alchimiste.

L'œil de Crussol

Le château de Crussol fief des Ducs d'Uzès, eux-mêmes vassaux des comtes de Toulouse, se dresse depuis le haut Moyen Âge, au sommet d'un rocher surplombant le fleuve-roi, et contrôlant les vallées du Rhône et de l'Isère.

Déjà, au temps de ce récit, la forteresse qui protégeait Valence, n'était plus qu'une masse de ruines, éventrée en son milieu et écrêtée par la foudre. L'érosion avait creusé dans la muraille un trou en forme d'œil, ayant le ciel pour iris.

Si l'oreille de Denis le Tyran écoutait Syracuse, l'œil de Crussol regardait Valence.

Comme l'œil d'Abel il poursuivait les habitants de la rive empi du Rhône ; du Pont de l'Isère à Portes-lès-Valence, changeant d'expression avec les couleurs du temps, serein et bienveillant les jours de plein été, il pouvait être menaçant quand se levait la Traverse, pour devenir lugubre les nuits d'orage.

Celui que les historiens appelleront familièrement le Petit Caporal, n'avait alors que 17 ans. Sous-officier frais émoulu de l'école de Brienne, après un court passage à Paris, il venait de prendre garnison chez les artilleurs de Valence.

En tant que gradé, le jeune Napoléon avait la liberté de résider en ville. Il avait loué une chambre meublée dans un immeuble situé dans la Grand'Rue, juste en face de la maison des Têtes et appartenant à une demoiselle Bou.

Cette vielle fille acariâtre n'avait pas pour habitude de laisser aux locataires la clef de la porte cochère, qu'elle ouvrait tous les matins à sept heures et refermait immuablement à vingt-deux heures.

Cela n'avait posé aucun problème au futur empereur des Français, habitué qu'il était, à l'exactitude militaire.

Ce soir là, le Cornas avait coulé plus que de coutume au fort Chareton, où l'on célébrait la promotion d'un lieutenant. Le Saint-Péray aidant, Bonaparte s'était laissé aller à quelques envolées lyriques et remarqua, en sortant machinalement la montre de son gousset, qu'il allait être minuit. Il se retira discrètement, traversa la place Saint-Jean d'un pas leste et se retrouva devant son logis pour constater que la porte était close.

Nous étions à cette époque de l'année où le chant des grillons, sous les nuits étoilées, succède avec bonheur au concert assourdissant des cigales, des journées chaudes et ensoleillées.

Le clair de lune baignait la ville d'une douce lumière, le jeune homme décida de se rendre au bord du Rhône, comme il aimait à le faire. Tout en jetant des pierres dans l'eau, il regardait les convois des mariniers amarrés le long de la berge. En levant la tête, il aperçut l'œil de Crussol, œil mystérieux qui le fascinait et l'attirait irrésistiblement. Il passa le pont, suivit la route de Saint-Péray jusqu'au pied de la montagne dont il entreprit l'ascension dans la brume naissante.

Soudain, il arrêta sa marche devant la muraille où se formait l'orbite de « l'œil ». Le lieutenant se retourna et ne reconnut pas le paysage familier que l'on découvre habituellement de ce belvédère.

Dans la plaine, il voyait se dérouler une antique bataille, opposant les peuplades Celtes de la région, aux Légions Romaines. Il discernait nettement d'un côté, l'ensemble désordonné que formaient les troupes des Arvernes, des Allobroges, des Vauconces et des Ségaloniens ; et de l'autre, l'organisation méthodique de la cavalerie romaine, emmenée par la cohorte prétorienne, placée sous les ordres du prêteur Pontinius.

Il entendait même le bruit de la bataille et les cris des vaincus, acculés dans les flots du Rhône et de l'Isère. Il distinguait maintenant celui qui devait être le chef de l'armée victorieuse : Fabius Maximus ! monté sur un cheval blanc, courant d'une compagnie à l'autre et distribuant des ordres à ses officiers.

« Ravi » en esprit comme le prophète Élie, le futur empereur des Français constata qu'il se dédoublait. Il apercevait mieux maintenant, celui qu'il avait pris pour un général romain et qui n'était autre que lui-même, Bonaparte, à la tête des armées de la République ou de l'Empire, combattant victorieusement les peuples de l'Europe.

Une image chassant l'autre, il se vit soudain, tenant le monde entre ses mains, une couronne sur la tête.

Le jeune sous-officier fut arraché à sa vision prémonitoire, ramené à la réalité par la pluie qui s'était mise à tomber. Les premières lueurs du jour pointaient derrière la chaîne du Vercors et il eut tout juste le temps de rejoindre le quartier Chareton (*actuelle Préfecture*) pour l'appel.

Vingt ans plus tard, lors d'une réception au palais des Tuileries, les conversations allaient bon train, et plusieurs dames, dont l'Impératrice Joséphine et les princesses Bonaparte, s'interrogeaient sur les regards féminins qui avaient bien pu troubler l'Empereur. Celui-ci ayant surpris la conversation s'approcha et dit :

— Vous, Madame de Rémuzat, qui me semblez tant préoccupée à mon sujet, sachez que je n'ai été fasciné qu'une seule fois dans ma vie par un regard, et ce n'était pas celui d'une femme.

Napoléon raconta alors sa vision de 1786, quand il était jeune officier en garnison à

Valence. Et c'est comme cela que nous connaissons cette histoire.

Le Pontias

La ville de Nyons a toujours bénéficié d'un microclimat. Éloignée des eaux stagnantes des launes du Rhône, aucun nuage n'empêchait les rayons du soleil de faire chanter les couleurs d'un paysage qui s'alanguissait sous le ciel bleu, de ce bleu intense que l'on rencontre seulement dans cette région de la haute Provence.

Les hivers y étaient cléments, mais les étés ! Dans ce site, entouré de rochers et de monts, c'était une véritable fournaise !

Aussi les habitants décidèrent d'envoyer une ambassade en Sicile, pour demander à Éole une outre de vents comme il avait donné à Ulysse.

Le curé entra dans une grande colère.

— Mécréants, comment pouvez-vous croire à de pareilles sornettes ? Cette histoire a été inventée de toutes pièces par Homère pour expliquer la longue errance du roi d'Ithaque.

Nous les chrétiens, nous devons nous en remettre à Dieu, en priant pour qu'il fasse un miracle.

Quelques jours plus tard, se tenait à Vaison un important Concile, regroupant les principaux prélats des Gaules. On y alla chercher Césaire, un ancien moine des Îles de Lerins, devenu évêque d'Arles et dont on vantait les miracles.

— Il nous faudrait un vent plus léger que le Mistral, moins froid que la bise et n'apportant pas la pluie par tornades, comme celui du midi, dirent les habitants.

— Vous êtes bien difficiles, répondit le saint homme. En somme ce que vous désirez, c'est un vent qui souffle juste ce qu'il faut pour rafraîchir l'air quand il fait chaud et qui ne se manifeste plus quand vient le froid.

— Tout à fait, répondirent les Nyonsais.

— Et bien, je vais partir en campagne mais cela risque d'être long et de plus, je ne vous promets rien.

L'évêque prit son bâton de pèlerin et muni d'une grande besace, partit en quête à travers toute la Provence : du Rhône au Mercantour, du Ventoux à la Camargue, pas un souffle ne convenait. Il dut rentrer bredouille en Arles.

Le temps passa et Césaire oublia Nyons et les Nyonsais. Pourtant un jour, alors qu'il revenait de Rome par les bords de la Méditerranée, il fut arrêté par un air de cithare. C'était le vent, un vent mélodieux qui jouait sur des aiguilles de pin. Le vieil homme tendit l'oreille.

— C'est tout à fait ça, c'est celui-là qu'il faut pour le pays des olives.

N'ayant pour récipient que ses gants, il présenta l'un d'eux au vent qui s'engouffra et le gonfla comme un ballon de baudruche. L'évêque le referma avec un de ses lacets de sandales et se l'attacha solidement au poignet. Le vent était prisonnier.

— Il faut que je le transporte tout de suite sur les bords de l'Aygues avant qu'il ne s'affaiblisse ou ne s'échappe.

En chemin, il lui parlait pour l'apprivoiser.

— Au bord de la mer tu perdais ton

temps, un vent c'est fait pour transporter des odeurs agréables. Je t'emmène dans un pays aux milles senteurs. Tu pourras véhiculer les parfums du thym, du laurier, du serpolet, les arômes de la sauge, du romarin, du basilic et de la ciboulette.

Arrivé face au rocher qui obstruait la vallée, il jeta son gant et le roc explosa.

Le vent tournoya, s'amplifia et souffla sur la ville apportant sa fraîcheur bienveillante, chargée de lavande et de menthe sauvage. Les Nyonsais le baptisèrent « le Pontias ».

Cette histoire se passait en l'an de grâce 530. Est-elle vraie ? vous en doutez ? Et bien demandez-le au Pontias qui souffle toujours sur la ville de Nyons.

La croix et la bannière

JADIS, la ville de Romans était administrée par un chapitre de chanoines. Forte de cent cinquante personnes, cette collectivité ecclésiastique appliquait avec une certaine rigueur les lois qu'elle avait promulguées elle-même.

Les chanoines séculiers par opposition aux moines réguliers n'étaient pas obligatoirement des clercs. Ils ne faisaient pas de vœux et se contentaient tout bonnement de vivre dans le « siècle ». Ils étaient pour la plupart des fils de maisons nobles et aisées qui entraient au chapitre en apportant leur fortune personnelle.

Ces seigneurs pas forcément portés vers la dévotion, étaient surtout des guerriers insubordonnés, aimant les richesses et souvent les femmes.

Les chanoines titulaires au nombre de quinze, se partageaient les charges essentielles. Placés sous l'autorité du Sacristain, ils se faisaient seconder par des chanoines auxiliaires et des officiers laïques pris parmi les clercs et les habitants.

Les Manillers chargés d'actionner les cloches et le Réveilleur qui annonçait les services de nuit étaient de ceux-là. Pour les besoins de leur fonction ils couchaient dans le clocher de Saint-Barnard, car de leur ponctualité dépendait le bon fonctionnement de la communauté.

Or, il arrivait malgré tout que certains chanoines se rendorment et s'oublient dans leur lit.

Au 14e siècle, cette fâcheuse habitude s'étant accrue, le Sacristain convoqua le Réveilleur dans le plus grand secret.

— Mon fils, je sais que vous vous acquittez de votre tâche avec beaucoup de célérité. J'ai le sommeil léger et j'entends chaque nuit avec satisfaction, le timbre aigrelet à travers les couloirs de notre maison. Il semble qu'il n'en est pas de même pour tout le monde, car certain de nos frères n'assistent plus à aucun service de nuit.

— Je sais, Monseigneur, mais vous comprendrez qu'il m'est impossible de le leur faire comprendre. Je ne suis qu'un simple diacre et ne peux m'attirer les foudres d'un chanoine.

— Je comprends, d'autant que certains d'entre eux sont parfois violents et pourraient s'en prendre à votre personne.

— Vous seul avez autorité pour leur en faire la remarque.

— Je l'ai déjà fait, et à plusieurs reprises ; mais cela ne semble pas avoir d'effet durable. Je redoute même que l'un deux ne profite de l'occasion pour rentrer ouvertement en rébellion contre mon autorité.

— Sans vous donner de conseil, vous pourriez peut-être les convoquer individuellement devant le gouvernement du Chapitre ?

— Non ! cela ressemblerait à un tribunal. Ces messieurs se croient très intéressants en défiant nos règles. Ils sont fiers du mauvais exemple qu'ils donnent aux clercs. Il faudrait... voyez-vous... trouver quelque chose qui leur enlève de leur superbe. On doit sans cesse les implorer pour qu'ils accomplissent leurs obligations.

— Si nous devons les supplier, comme nous le faisons pour obtenir la bienveillance du Seigneur, et bien, nous allons les supplier de nous faire la faveur de se lever.

— Très bien mon fils, mais comment vous y prendrez vous ?

— Comme pour le Seigneur ! En leur organisant une procession…

Depuis ce jour, chaque fois qu'un chanoine n'assistait pas à matines, après l'office, le Réveilleur était chargé de former le cortège. Derrière la bannière du chapitre tous ceux qui le désiraient suivaient en chantant sur un air de cantique, des paroles que le maître de chœur avait écrites pour la circonstance. Le premier bedeau fermait la marche en portant la croix paroissiale.

Les processionnaires se rendaient ainsi jusqu'à la chambre du paresseux. Celui-ci, sermonné par le Capiscol, prenait l'engagement devant ses Pairs d'assister désormais à tous les offices de jour comme de nuit.

Quelques jours plus tard, quand un membre du chapitre demandait au Sacristain :

— Comment avez-vous fait, pour « qu'un tel » assiste avec autant d'assiduité à matines ?

— J'y suis arrivé ! mais pas sans mal ! Ça a été la « Croix et la Bannière ».

Cette expression devait faire fortune, désormais employée quand après de longues difficultés, on a réussi à obtenir ce que l'on désirait.

La tour du diable

LIVRON était autrefois un important bourg fortifié. Une ceinture de remparts, flanqués de tours, protégeait le château-fort construit au sommet du coteau qui domine à la fois la vallée de la Drôme et le couloir Rhodanien. L'accès en ville se faisait par trois portes monumentales : celle de la fontaine qui s'ouvrait sur la route de Valence, celle du chenal édifiée au midi et la porte d'Ampech, par laquelle on rejoignait les bords du Rhône et l'embarcadère du bac.

Déjà au 13e siècle, le château n'était plus habité par le seigneur du lieu qui préférait résider dans une demeure plus conviviale au cœur de la cité. C'était du moins la version que le châtelain tenait à faire accréditer, mais les habitants de Livron, eux, en connaissaient une autre. Il se disait dans le pays que la forteresse était hantée par les fantômes des guerriers, qui, jadis n'avaient pas su la défendre. Une partie de la population avait été massacrée et eux-mêmes exterminés par des hordes barbares qui descendaient la vallée du Rhône.

Depuis, chaque nuit, pour se racheter de leur coupable négligence, ils étaient condamnés à veiller sur Livron et sa population jusqu'au jour du jugement dernier.

La plus haute tour, sorte de donjon servait à faire le guet. Aussi, à plusieurs reprises, les nouveaux consuls de la ville, installèrent un garde à son sommet pour assurer cet office. On retrouva chaque fois celui-ci endormi au pied de la tour, alors que toutes les portes étaient fermées à clef.

Si certains habitants voyaient là une manifestation de la justice divine, d'autres pensèrent que c'était l'œuvre du malin et baptisèrent le donjon « la tour du Diable ».

Les autorités décidèrent de ne plus défendre la forteresse et d'abandonner cette charge aux chevaliers de l'au-delà.

Cette histoire fut colportée plusieurs lieues à la ronde et suffisamment loin pour décourager les seigneurs aux velléités belliqueuses, qui à cette époque craignaient moins le sabre des spadassins que la fourche de Satan.

La tour du diable ne connut désormais que les attaques du temps : les flèches acérées de la bise et du Mistral, et les boulets éclatés de la grêle et des ondées.

La cloche de Notre-Dame-sur-le-Pont

ROMANS s'est toujours enorgueilli de son pont, qui a longtemps été le seul lien jeté entre la cité et la rive gauche de l'Isère, mais surtout parce que ses arches étaient autrefois agrémentées de constructions.

Sur la première pile avait été édifié l'hôpital des Jacinières, réservé aux jeunes femmes en couche. Le rez-de-chaussée d'où l'on jetait les délivrances dans la rivière pour le plus grand plaisir des truites de l'Isère, était réservé aux salles de travail. Le premier étage était occupé par vingt-quatre lits ce qui donne une idée de cette maternité unique en France à cette époque.

La chapelle « Notre-Dame-sur-le-Pont » faisait face à l'hôpital. Il s'agissait d'un bâtiment gothique suffisamment vaste pour recevoir une centaine de personnes. Sous la nef nous trouvions plusieurs salles superposées jusqu'aux fondations qui reposaient sur le rocher. En 1511, le roi Louis XII et la reine son épouse qui descendait l'Isère en bateau s'arrêtèrent pour y entendre la messe.

Or en 1553, le baron des Adrets voulait prendre Romans. Il enleva la bastide qui défendait le pont et s'empara de la chapelle. Celle-ci fut ruinée, les objets du culte et même la cloche furent précipités dans l'Isère. Cette cloche dont l'utilité première était d'appeler le fidèles aux offices, servait également de tocsin ; aussi, dès qu'ils le purent, les Romanais la remplacèrent.

Quelques temps plus tard, à la demande des habitants, les consuls décidèrent de récupérer l'ancienne cloche. On fixa le jour, la population accourut de tous les quartiers. La veille, des ouvriers avaient construit sur le pont un échafaudage surmonté d'une bigue qui surplombait l'Isère. On avait mis à l'eau plusieurs barques qui formaient un arc de cercle sous l'arche et sur lesquelles des plongeurs avaient pris place. Une corde fut glissée sur la poulie de la bigue, et descendue jusqu'à ce qu'elle baigne dans la rivière.

Chaque plongeur qui se jetait à l'eau pour accrocher la cloche, était accompagné par des clameurs de la foule. Après plusieurs tentatives infructueuses, le Toine resurgit en faisant un signe du bras qui ne pouvait tromper. Il avait réussi, et fut longuement acclamé.

Dès lors, on commença a remonter le bourdon. Quand il apparut au dessus de la surface de l'eau, un silence religieux remplaça les cris et les quolibets qui avaient jusque là émaillé le déroulement des opérations. Le cliquetis de la crémaillère cognait à intervalles réguliers, comme un cœur au battement duquel, toute une population était suspendue, haletante.

La cloche venait de dépasser le niveau de la berge ; encore quelques tours de manivelle, et il serait facile en faisant pivoter la chèvre de poser sur le pont le fruit de cette pêche peu commune.

Chacun se sentait rassuré sur l'issue de cette entreprise et commençait à reprendre haleine, quand l'un des deux hommes qui actionnait le mécanisme s'écria un peu trop tôt :

— « Nom de dieu » ! la salope ! on l'a eue !

À ce mot blasphématoire, le maître d'équipage responsable de la manœuvre se signa instinctivement. Un craquement sourd se fit entendre, la corde se coupa nette et la cloche retomba dans l'Isère sous l'arche du pont. Je crois bien qu'elle s'y trouve encore.

Depuis, quand la ville court un grand danger, on entend sonner la cloche de Notre-Dame au fond de l'Isère.

L'épopée de Philis de la Charce

PHILIS, son missel à la main, se rendait à l'église de la Charce comme tous les jours pour y écouter la messe. Elle descendait sur la route blanche, au milieu des oliviers et des vignes, le front baissé, songeant aux années écoulées. Elle n'avait pas encore atteint la cinquantaine et faisait cependant le bilan de sa vie : rien de quoi la réjouir !

Elle était devenue s'en sans apercevoir une vieille fille au cœur sec. Et puis ! N'était-elle pas ridicule, elle, élevée dans la religion réformée, de se rendre ainsi à l'église des papistes ? Son père et toute sa famille avaient du se convertir au catholicisme pour sauver ses biens et ceux des émigrés dont il assurait la gestion à la demande du Roi.

Elle revoyait ses sœurs jouant au bord de l'Aygues, ainsi que les instants passés auprès de son père en faisant office de damoiseau, car le Marquis avait toujours souhaité avoir un fils. Déjà le prénom dont on l'avait affublée, n'était pas pour favoriser sa féminité. Philis connaissait mieux la quarte et la tierce que les points de broderie, et maniait plus aisément l'épée que la quenouille. Ses seuls moments de bonheur passés au château de Grignan chez sa cousine la comtesse, lui avaient permis de côtoyer Madame de Sévigné et surtout Antoinette Deshoulières. Les deux jeunes filles avaient correspondu pendant de nombreuses années et Antoinette gardait l'espoir de voir Philis venir s'installer à la cour de Versailles.

Soudain une voix la fit sortir de sa torpeur ; elle s'arrêta, et aperçut une gitane assise sous le porche de l'église.

— Je ne demande pas la charité, jeune et belle demoiselle, faites-moi la grâce de me montrer votre fine main et je vous dirai votre avenir.

Philis, flattée par le ton obséquieux de la femme, lui donna une pièce d'argent, geste qu'elle n'aurait pas fait pour une mendiante. Elle enleva son gant et tendit sa main gauche.

La diseuse de bonne aventure, bouleversée par le tracé des lignes, dévoila :

— Je te vois vêtue de pourpre et d'or, portant le costume des officiers des troupes royales et chevauchant victorieusement à la tête des armées.

Philis fut déçue, elle aurait préféré, plutôt que cette prédiction invraisemblable, qu'on lui parle d'un ancien amoureux reparaissant dans sa vie, ou d'un courrier de sa cher Antoinette, l'invitant à Versailles.

Persuadée que la femme venait de se moquer d'elle, elle referma sa main d'un geste brusque et releva le poing en signe de menace. La marquise rentra chez elle et ne parla jamais de cette prophétie à personne.

Quelques temps plus tard, un de ses voisins Achard Ferrus arriva au château tout essoufflé.

— Marquise ! marquise ! les Baronnies et la ville de Nyons sont en danger ! le Roi vient de retirer la moitié de ses troupes au maréchal de Catinat et plus personne ne peut s'opposer à l'armée que le duc de Savoie a concentrée au Col de Cabre.

— Que puis-je faire mon ami ! je ne suis qu'une femme sans armée et sans pouvoir !

— C'est faux marquise ! votre prestige est grand parmi nos gens. Le duc de Savoie essaye de soudoyer vos fermiers en leur promettant les terres que vous gérez, celles des Huguenots. En fait, tout cela est faux évidemment ! Son intention est de s'approprier tous nos contés et nos duchés pour y installer ses principaux vassaux. Les marquis de la Charce ont toujours su préserver la justice et la paix en cette partie du Dauphiné ! Vous seule pouvez organiser la résistance ! faire couper les ponts et les passages stratégiques et rendre les chemins muletiers impraticables.

— En effet, j'ai parcouru à cheval plus d'une fois tous les chemins et les sentiers de ce pays, la difficulté viendra cependant de convaincre chacun qu'une femme puisse diriger une telle entreprise.

Philis sentit monter en elle une grande satisfaction, toute la bravoure héréditaire de ses aïeux venait de resurgir. Elle convoqua ses sœurs au château pour un conseil de famille.

— Mesdames, nous sommes les descendantes d'une grande lignée sous la protection de laquelle se sont placés depuis plusieurs siècles les habitants de nos contrées. Dieu n'ayant pas cru bon d'accorder une postérité masculine à nos parents, ces braves gens sont aujourd'hui désemparés et prêts à croire à toutes les promesses du duc de Savoie. Certains, plus ou moins forcés, risquent même d'être enrôlés dans les troupes savoyardes pour combattre notre Roi.

» Il est de notre devoir de ne pas trahir la confiance de nos gens. L'éducation guerrière que notre père nous a donnée et qui nous a valu tant de fois les moqueries de notre cousine Madame de Grignan, va pouvoir enfin être mise à l'épreuve.

» Considérez-vous dès cet instant sous les ordres de la marquise de Philis de la Charce !

» Vous mes sœurs qui êtes mariés, sachez convaincre vos époux et leurs maisons de se joindre à nous ! »

Quelques jours après, une étrange compagnie commandée par une femme entourée d'un état-major de huit amazones, parcourait à cheval les régions du Diois et des Baronnies.

Ces partisanes visitaient tous les contés et marquisats, encourageant la résistance des paysans, coupant les ponts, obstruant les passages et empêchant enfin l'ennemi de progresser.

Les troupes savoyardes, surprises d'une telle résistance, piétinèrent tant qu'elles permirent à Catinat de revenir à la tête d'une nouvelle armée et de remporter une victoire totale.

Entre-temps, Philis avait averti sa fidèle amie Antoinette pour la tenir au courant de la tournure des événements, lui demandant d'intervenir auprès du roi, afin que l'armée du maréchal Catinat ne soit pas démantelée. Madame Deshoulière lui avait répondu en l'encourageant et en la félicitant.

L'épopée terminée, la vie reprit au château de la Charce, où Philis était désormais considérée comme le véritable seigneur des lieux. Elle était partagée entre la satisfaction que procure la gloire, et l'amertume qu'éprouvent ceux qui ne sont pas reconnus, car personne n'avait pensé seulement à la féliciter.

Quelques mois après ces événements, un courrier de Grignan apporta au château, une lettre accompagnée d'un petit paquet. C'était un envoi d'Antoinette Deshoulière.

Le paquet contenait trente deux pages de coupures de presse du Mercure Galant de 1692, relatant les exploits de Philis de la Charce.

En lisant la lettre, le visage de la marquise s'illumina ! C'était une invitation au château de Versailles, où son aventure extraordinaire était contée dans tous les salons.

C'est ainsi que Philis en compagnie de sa mère, fut reçue par le roi qui la complimenta tout en s'excusant :

— Vous savez, à Versailles, je suis plus vite informé par le Mercure que par les rapports de mes généraux.

Achard-Ferrus fut nommé gouverneur de la ville de Nyons. Quant à Philis, elle vécut encore huit ans au milieu des honneurs dans la bonne ville de Nyons, et mourut sans avoir vu le portrait exposé à Paris, qui la représentait en tenue de colonel, or et pourpre, comme dans la vision de la diseuse de bonne aventure.

Si vous passez par Grenoble, vous pourrez

découvrir dans le square des Dauphins, montée sur un cheval de bronze, Philis l'amazone brandissant son épée.

La malédiction du grand voyage

DEPUIS le début du 16e siècle se déroule à travers Romans un chemin de croix appelé « Grand Voyage » et dont l'aboutissement est un calvaire situé dans un clos, attenant à un ancien couvent franciscain de l'Étroite Observance, plus connu sous le nom de Récollets.

Construit en 1515 par Romanet Boffin, un riche marchand, il est le premier que l'on connaisse en France, alliant calvaire et chemin de croix.

À l'origine, le pèlerinage s'effectuait seulement à Jérusalem. Les Hospitaliers de Saint-Jean de Jérusalem étaient chargés du gîte et du couvert des nombreux pèlerins qui se rendaient en Terre Sainte pour suivre la voie douloureuse et participer à la passion du Christ. Chassés de la Ville Sainte par les

Arabes, ils se réfugièrent dans l'île Grecque de Rhodes où ils créèrent le premier chemin de croix dans le monde, avant d'en être délogés par les Turcs.

Ces chevaliers eurent l'idée de reconstruire le chemin de croix à Fribourg en Suisse, et non à Malte où ils venaient de s'installer pour permettre aux Chrétiens accourant de toute l'Europe de participer à ce voyage de piété, désormais interdit par l'intolérance musulmane.

En séjour dans cette ville marchande, Romanet Boffin, dont la sœur était mariée avec le notable fribourgeois Jérôme Corday, fut invité à participer aux cérémonies. Les processions organisées connaissaient un très grand succès, les pèlerins venaient de fort loin, ce qui faisait le bonheur des aubergistes et des cabaretiers.

Romanet fut ébloui par ces manifestations et proposa d'établir dans sa ville, un chemin de croix identique à celui de Fribourg.

Au mois d'août 1516, deux franciscains qui avaient séjourné autrefois à Jérusalem, furent frappés par la ressemblance entre Romans et la capitale de la Judée. Le succès du Grand Voyage était assuré !

Le Grand Voyage de Romans est entouré de nombreuses légendes, je me bornerai à vous conter les événements qui se sont passés le 15 janvier 1794 en pleine terreur.

Ce jour là, un groupe de sans culottes conduit par un filateur des environs, appelé Tabarin, mais surnommé Marat, se rendit au Calvaire muni d'un ordre écrit du procureur de la commune. Une troupe de forcenés armés de masses et de pics, pénétra dans le clos des Récollets. Ils avaient à leur tête un certain Barthélémy Béguin, un fou furieux, connu en ville pour son intolérance.

Ce scélérat dont le sacrilège tenait lieu de brevet de civisme, s'en prit à Dieu et à la Sainte-Vierge devant ses compagnons effrayés qui hésitaient et reculaient.

— Vous voyez bien dit-il que vous n'avez rien à craindre de ces superstitions.

Il se saisit d'une barre à mine et leva celle-ci sur un oratoire. Le coup ne porta pas, l'homme s'écroulant frappé d'apoplexie. Transporté par ses camarades dans l'estaminet le plus proche, il devait mourir sans reprendre connaissance.

Pendant ce temps, en ville, un groupe d'afaneurs[1] et d'ouvriers des ports organisait un étrange cortège. Après s'être vêtus de vêtements sacerdotaux dérobés à Saint-Barnard, ces vauriens s'emparèrent des accessoires des pénitents.

Un portefaix saisit un grand calice et prit la tête de cette infâme procession. Faisant station à chaque cabaret, le faux prêtre tendait la coupe sacrée au tenancier des lieux, pour la faire remplir au nom de Bacchus.

Les « joyeux drilles » déambulaient dans les rues en chantant des chansons obscènes, en proférant des jurons et en ricanant, du rire diabolique des possédés.

Arrivée place des Princes, la procession entra dans une auberge. Le prêtre de Satan, après avoir fait remplir une nouvelle fois le

---

1 Portefaix, manœuvre.

calice de l'infamie, le porta à ses lèvres et tomba foudroyé. Son corps devint instantanément violacé de la couleur du vin de l'impureté qu'il avait bu.

Au Calvaire des Récollets, ceux qui ne s'étaient pas enfuis à la mort de Béguin, formaient un cercle autour d'un homme originaire des Balmes. Celui-ci, après avoir descendu le Christ, dansait avec lui en débitant des quolibets et en chantant sur un air de rigodon des paroles sacrilèges, rythmées par ses congénères qui frappaient dans leurs mains.

Alors que le gros de la troupe s'était rendu en ville, exhibant la cloche de l'église des Récollets comme trophée, notre homme continuait à tourner.

Ses complices trouvant que le jeu avait assez duré, tentèrent de l'arrêter, mais il tournait toujours. Il tourna ainsi jusqu'à la fin de sa vie, tellement, que dans sa maison, on pouvait voir le sillon laissé dans le sol. Comme il était impossible d'interrompre ce mouvement, son épouse mettait sa plus jeune fille dans ses bras pour le faire manger.

L'homme des Balmes vécut encore vingt-quatre ans et mourut le 6 juin 1818, à soixante-six ans, après s'être repenti.

Même si trois alcooliques avaient été victimes d'une hémorragie cérébrale, d'une rupture d'anévrisme et d'une crise de saturnisme, pouvait-on parler de hasard ? Le hasard n'existant pas, la justice divine avait frappé trois fois dans la même journée.

Ces châtiments exemplaires produisirent un effet considérable sur la population. Les méfaits contre Dieu et la religion cessèrent, et l'on parla de la « Malédiction du Grand Voyage ».

L'ours de Pré-Peyret

AUTREFOIS, les voyageurs qui se rendaient de Die à Grenoble passaient le Glandas, soit par le col de la Menée soit par la route de l'Audegras. Ces deux passages avaient en commun d'être contrôlés par les ours. Au col de la Menée, ils avaient même établi un péage.

Il était de bon ton, pour ceux qui empruntaient ce couloir, de leur offrir des aliments que la nature n'était pas en mesure de leur procurer, tel du miel, des fruits ou du lard, dont ils étaient friands. On devait déposer ces présents au pied d'un rocher, derrière lequel les ours se cachaient.

Si les hommes devaient s'acquitter de ce tribut, les femmes en étaient exemptes, à condition qu'elles prouvent leur féminité. Pour ce, à cette époque où les sous-vêtements n'existaient pas, elles devaient relever leur robe jusqu'aux épaules, en passant sous le rocher, ce qui dévoilait entièrement leur nudité, et les empêchait de voir si quelqu'un les regardait. On ne saura jamais si cette clause avait été véritablement exigée par les plantigrades. Ne serait-elle pas l'œuvre de bûcherons, qui passant un jour par le col s'étaient fixés dans les grottes et, se faisant passer pour les ours, abusaient de la naïveté des gens crédules ? On a tout lieu de le penser !

La seconde route montait par Romeyer et rejoignait l'Audegras, actuelle vallée de la Clérée. Sur le plateau, à proximité de la fontaine des « Endettés », se trouvait l'auberge de Pré-Peyret, refuge pour les voyageurs surpris par la nuit, ou le mauvais temps.

Cette construction n'était en fait qu'une unique pièce, meublée de tables et de chaises et chauffée par une grande cheminée équipée d'une crémaillère au bout de laquelle se balançait le chaudron où mijotait la soupe.

Un appentis garni d'herbe sèche servait de chambre à l'aubergiste, les voyageurs eux, devaient se contenter du foin de la grange, située au-dessus de l'écurie, dont l'entrée était indépendante.

Ce soir-là, un groupe d'une demi douzaine de jeunes femmes arriva à l'auberge. Elles venaient du plateau du Vercors et se rendaient à Die pour chercher de l'embauche, et demandèrent à l'hôte la permission de faire réchauffer leur « manger » dans la cheminée et de passer la nuit dans la grange.

Après le souper, l'aubergiste Borel, son valet et Antoine le berger vinrent tenir compagnie aux jeunes femmes pour un brin de veillée :

— D'où venez-vous ? demande l'aubergiste.

— De Gresse-en-Vercors.

— Vous avez fait bonne route ?

— Oui ! nous avons même rencontré un ours qui nous a regardé passer de loin.

— Un ours ! dit le berger. N'avait-il pas une grande tâche claire sous le poitrail ?

— Si, reprit une jeune fille, je l'ai bien remarqué.

— Alors vous n'avez pas couru un grand danger. C'est le maître des lieux. Il n'a jamais causé de dégât à aucun troupeau, on l'a même vu poursuivre des ours pour les éloigner d'ici.

» C'est un ours plus homme qu'animal, reprit l'aubergiste. D'ailleurs, de temps à autre, il vient coucher ici dans la grange, je l'ai vu sortir de bon matin quand je promène mes chiens.

— Il paraît qu'il recherche surtout la compagnie des dames, ajouta le valet avec un air égrillard.

Tout le monde partit d'un éclat de rire.

— C'est pas tout, fit l'aubergiste, il se fait tard et si vous voulez vous mettre en route de bon matin, il vaut mieux aller se coucher.

Tout le monde se leva, les voyageuses rejoignirent la grange, tandis qu'Antoine le berger, après avoir chargé son âne, s'éloignait dans un vacarme de clochettes tintinabulantes.

Le lendemain à cinq heures, l'aubergiste réveillait tout le monde, et servait une soupe de blé gruau. Une femme s'approcha de lui et lui demanda :

— Comment il s'appelle, le berger qui a passé la soirée avec nous ?

— Le berger, c'est Antoine, mais pourquoi veux-tu connaître son nom ?

— Et bien voilà, hier au soir, il est revenu et il a passé la nuit avec moi.

L'aubergiste fut surpris. Avant de s'endormir il avait entendu Antoine et les grelots de son âne pendant plus d'une heure dans le lointain. Il avait même perçu les aboiements des chiens pour l'accueillir à son arrivée à la bergerie de l'Aude. Perplexe, il demanda à la fille :

— Qu'est-ce qui te fait penser que c'était lui ?

— Je l'ai bien reconnu avec sa barbe et son gilet en peau de mouton, si vous le revoyez le premier, dites-lui qu'il me fasse visite à Die à la fabrique.

Le père Borel pensa : si Antoine était revenu dans la nuit on trouverait les empreintes de ses souliers cloutés, tout près de la porte de la grange. Il reconnut des traces de pattes de chiens, de moutons, de sabots d'ânes, de galoches, mais point celles de l'Antoine. Soudain, il distingua des marques différentes, ces marques qu'il avait déjà vues à plusieurs reprises. Pour en avoir le cœur net, il appella son valet :

— Marcel, viens un peu ici. Que vois-tu là ?

— Et bien, patron, vous le savez, c'est le

pied de l'ours qui vient parfois coucher la nuit.

Mais l'ours de Pré-Peyret, celui qui préférait la compagnie des hommes et surtout des femmes à celle de ses semblables, était-t-il vraiment un ours ? Il n'y a que la jeune ouvrière de la filature de Die qui pourrait pour nous le dire.

Jacquemart et Labaragne

Labaragne, cordonnier à Romans, avait pignon sur rue, dans le quartier de Paillerey. Il tenait boutique au rez-de-chaussée d'une petite maison toute en hauteur qui avait appartenu autrefois à un horloger. Surélevée spécialement pour la construction des mécanismes, elle n'était qu'une superposition de pièces percées en leur milieu. Une ouverture carrée, entourée d'un garde-fou, permettait le passage des chaînes et des contrepoids.

Pour le vieux François Humbert, le balancier de la vie s'était arrêté subitement, et sa sœur avait vendu la maison de la rue Condillac, toute meublée, à Antoine Sommeton, qui jusque-là, exerçait sa pratique dans un grand tonneau[1] sur le port Sabaton, à l'entrée de la

---

[1] Les petits artisans n'avaient pas de boutique. Ils

rue Fusterie (quai Chopin). Celui-ci, après avoir aménagé son échoppe, s'était installé sans rien changer, sans même prendre le temps de démonter les vieux rouages. Mieux, il avait continué à remonter l'horlogerie, d'abord par jeu, puis par habitude, et enfin par nécessité. Envahi par les formes et les peausseries de toutes sortes, il avait relégué sa chambre au dernier étage de cette maison qui dominait tout le quartier. Ce farouche célibataire ne pouvait plus se passer du bruit rassurant des engrenages qui se déclenchent pour annoncer la sonnerie des carillons.

Comme la plupart des membres de la confrérie de Saint-Crépin, Antoine passait plus de temps dans les auberges que derrière son établi. Si bien que ses clients étaient toujours à lui courir après.

À traîner ainsi les cabarets, on aurait pu croire que c'était pour boire et s'enivrer de vin clairet. À la vérité, il n'en était rien :

---

exerçaient dans un tonneau à large plate-forme et ouvrant sur l'extérieur qui pouvait se transporter sur une charrette.

quand il lui arrivait de se saouler, s'était surtout de ses paroles. Il aimait philosopher et était même un fin rimeur. En dialecte romanais, une *baragne* est une personne qui, toujours disponible, se laisse embringuer par tout le monde. C'était le cas de notre cordonnier.

Aussi, lorsque quelqu'un le demandait, les hôtes et taverniers du quartier répondaient :

— Ah ! la *Baragne,* il est passé tantôt !

Ainsi, dans tout Romans, on ne connaissait plus que « *Labaragne* ».

Quand il avait forcé un peu sur la bouteille, ce qui se produisait parfois, il prétendait être le seul Romanais à vivre aussi haut perché que Jacquemart, et à posséder un carillon, comme lui, pour sonner les heures. « La seule différence qu'il y a entre nous, c'est que moi, je ne suis pas de bois et je descends plusieurs fois par jour pour satisfaire un besoin pressant, alors que lui, il reste sur sa tour ».

— Ça c'est pas sûr ! répondit Effantin, le patron du Logis de Saint-Nicolas. Les anciens qui nous ont quittés aujourd'hui auraient pu dire beaucoup de chose à ce propos.

— Par exemple, que Jacquemart descendait faire la fête chaque année pour la Saint-Sylvestre, lança Labaragne en sortant, tout fier de lui.

Un soir qu'il revenait du Bourg-de-Péage où il avait livré une paire de bottes à un maître d'équipage, il fut surpris par la nuit.

Il faut dire qu'il avait mangé auparavant une besainte (*sorte de pain sans levure*) chez son hôte, arrosée de quelques verres de Mercurol. Il avançait sur le pont en chantant :

— *Si j'étion profête changeriou l'Isère en piquette. La Savasse en de bon vin, et l'oriou en égardin de bére à jeun tou lou matin. Le vin e salutère. Mena, Mena, Varse me don. A bère ! A bère ! puisqu'oo l'é bon.*[1]

Arrivé devant la porte sur le pont, il appela :

— Holà du guet ! ouvrez-moi !

Le sergent major Fanchette qui l'avait re-

---

[1] Si j'étais prophète, je changerai l'Isère en piquette, la Savasse en bon vin et j'aurai en égard de boire tout le matin à jeun. Le vin est salutaire. Garçon, Garçon, verse-moi donc à boire, à boire, puisque c'est bon.

connu, fit signe à un garde de descendre lui ouvrir. C'était un immense gaillard dont la taille approchait les deux mètres. Bûcheron l'été dans les forêts du Royans, il louait ses services le reste du temps, et c'est comme cela que le capitaine de la ville l'avait enrôlé le matin même dans la milice municipale.

Vu sa taille peu courante, il avait été impossible de lui trouver une tenue dans le magasin de l'arsenal, et c'est avec son costume de paysan, le même que celui de l'automate de la tour (*avec un large chapeau et une blouse sur son pantalon, costume de « Jacques » que portait le bonhomme autrefois*), qu'il apparut à Labaragne derrière la herse de la porte. Celui-ci fut frappé par l'imposante stature de ce garde peu commun, et crût un instant être victime d'une hallucination (*l'automate a toujours été plus grand que la taille normale d'un homme*).

— C'est la première fois que je te vois à la porte du pont ! comment on t'appelle ?

— Je me nomme Jac-ques Mar-tin ! fit il avec un accent traînard.

« Jacquemart ? *Tein*[1] ! » crut entendre Labaragne.

— Comment tu dis ? répètes un peu pour voir !

— Jac-ques Mar-tin, répondit l'autre, en marquant chaque syllabe pour mieux se faire comprendre.

— J'avais bien compris ! C'est donc toi, celui dont les Romanais disent qu'il tape sur sa femme !

(Le Jacquemart était censé taper avec son marteau sur sa femme : la cloche.)

— Certainement pas plus et pas moins que n'importe lequel d'entre vous !

— Alors tu es descendu pour soulager ta vessie dans l'eau de la rivière ?

— Puisque tu le dis ! C'est une chose qui me reste à faire !

Le cordonnier franchit rapidement la porte et d'une démarche alerte traversa la grand'place, s'enfila dans la rue de l'Abbé (*rue Mathieu de la Drôme*) et arriva, en grand

---

[1] En français : tiens, vois, écoutes.

émoi, au Logis de Saint-Nicolas où il se fit servir un double verre de gnôle.

L'attention des clients était retenue par le récit d'un colporteur, un de ces personnages infatués qui se vante d'avoir tout vu et tout entendu, et ne peut s'empêcher de commencer une phrase, autrement que par « moi je ».

Labaragne, que ce freluquet commençait à échauffer, se leva et s'exclama :

— Et bien moi, j'ai rencontré Jacquemart, sur le pont, qui était descendu pour « pisser » !

Depuis cette époque, lorsque quelqu'un se vante d'une chose invraisemblable, les Romanais ont coutume de dire : « C'est comme si vous me disiez que Jacquemart était descendu de sa tour pour pisser au milieu du pont vieux ».

Le château de la belle Justine

Le jeune seigneur de Die, comte de Justin un gentilhomme bienfait de sa personne, avait épousé une très belle jeune femme, fille d'un notable des environs.

Après plusieurs années de mariage, la comtesse donna enfin naissance à un enfant du sexe féminin. Grand soulagement pour la population, qui désespérait autant que les parents, de voir un jour assurée la descendance de cette illustre famille.

Comme il se devait on appela la fillette Justine. Elle avait hérité, de la peau blanche et veloutée de sa mère et des yeux couleur de noisette de son père.

Malheureusement l'enfant était atteinte d'une malformation congénitale ; elle était née sans bras. Et ce n'était pas tout !

La nature l'avait affligée d'un visage tellement déconcertant, que les habitants de Die comparaient son faciès aux dents acérées et aux lèvres lippues, à un groin de porc.

La comparaison aurait pu s'arrêter là, si son père pour lui assurer une autonomie d'alimentation, ne lui avait fait fabriquer par un orfèvre, une auge en or massif.

Plus le temps passait et plus il devenait difficile de refuser la vérité. La triste réalité était là ! La comtesse avait bel et bien accouché d'un monstre !

Afin de soustraire la jeune fille aux sarcasmes de son entourage, le comte décida de faire construire un ermitage, en un lieu isolé, à l'abri de toute rencontre fortuite. Ce castel était situé au sommet d'une curieuse montagne, formée de deux rocs parallèles. Pour y accéder, il fallait après avoir quitté la capitale des Voconces, franchir un de ces ruisseaux qui ne laissent passer qu'un filet d'eau les étés de sécheresse, mais se transforment en torrent dès qu'arrivent les premières pluies. Puis, on suivait un sentier tortueux pour déboucher entre les deux monts, dans un couloir étroit qui épousait la pente du terrain. C'est alors que l'on apercevait l'arc roman de la porte fortifiée.

Justine, nantie d'une intelligence des plus vives, était douée d'une voix d'or à faire pâlir de jalousie toutes les prêtresses de Brahma.

Tel un rossignol, elle vocalisait sous le roc du « Bât-de-l'Âne » pour le plus grand plaisir de son père et de sa mère. Sa piété généreuse la poussait à écouter avec dévotion l'appel des cloches de la cathédrale qui résonnaient dans la vallée. Le comte toujours attentif aux désirs de sa fille, entreprit la construction d'un tunnel pour relier rapidement le manoir à l'église. Celui-ci aboutissait à une sorte de crypte disposée sous la chaire, d'où Justine en compagnie des ses parents pouvait assister aux offices les dimanches et les jours de fêtes.

Bientôt des bruits alarmistes arrivèrent jusqu'à Die : les Lombards, peuplade de guerriers barbares venant de Scandinavie, obéissant aux ordres d'un chef féroce nommé Zaban semaient la terreur dans toute la région. L'évêque réunit aussitôt un conseil de défense dans le palais archiépiscopal, en présence du chapitre et des syndics. Le seigneur arriva accompagné de sa fille Justine, coiffée d'un chaperon qui lui couvrait presque tout le visage. Elle avait un port de reine, mis en valeur par une taille bien faite, une cape jetée sur les épaules, sa silhouette forçait l'admiration.

Sur les recommandations de la jeune fille, il fut donné l'ordre de fermer les portes de la ville et de placer sur les remparts l'ensemble des forces disponibles, c'est-à-dire tout ce que Die comptait d'habitants en âge de combattre. Après plusieurs assauts lancés contre la forteresse et repoussés victorieusement, il fallut envoyer du secours à la Tour Sainte-Agathe qui dominait la route de Romeyer, puis à celle de Brion qui surplombait la Drôme. Les échelles des assaillants furent basculées dans le vide, ce qui leur causa de nombreuses pertes.

Puis ce fut au tour de la Porte Saint-Pierre et de celle d'Englène de demander des renforts. Malgré cette défense héroïque, des brèches avaient été ouvertes un peu partout sur la muraille. La nuit venait de tomber quand un orage s'abattit sur la ville ce qui arrêta net la horde barbare dont le chef renvoya au lendemain l'assaut final. Le capitaine des gardes en profita pour faire sonner le tocsin avec la cloche d'argent de la cathédrale. Ce répit permit aux défenseurs de réunir un dernier conseil. Une nouvelle fois l'assemblée s'en remit à Justine.

Celle-ci après être restée un long temps en médiation dit ce qui devait être fait.

Ainsi l'ensemble de la population fut évacué par le tunnel. On transporta les malades et les blessés, que l'on mit à l'abri dans les profondeurs des bois, et, tous ceux qui étaient valides se retrouvèrent sur la montagne, entre les deux monts. Ils avaient emmené la célèbre cloche d'argent, qu'ils enterrèrent pour la préserver. Le lendemain, la troupe de Zaban entra sans opposition dans une ville où elle ne rencontra que des morts, sans se douter que le gros de la population, avait pu échapper au massacre. Dépités de n'avoir pu commettre un nouveau carnage, les Lombards quittèrent aussitôt les lieux et reprirent leur route en direction de la vallée du Rhône.

Quelques jours plus tard, les Diois regagnaient leur cité mais sans la cloche d'argent.

Celle-ci avait été si bien cachée, que personne ne sut la retrouver. Il est probable qu'elle demeure toujours ensevelie près des ruines du château de la belle Justine.

La légende du puits du cheval

IL était une fois, dans la bonne ville de Romans, une quinzaine de *menas* (garçons), de *galapias* (garnements) et de *gnasses* (ivrognes) qui descendaient la côte du Mazel. Ils se donnaient le bras pour mieux se tenir droit, les moins éméchés soutenant les autres.

Ils venaient du Montchorel où ils avaient vidé de nombreuses *picotes* (bouteilles de vin nouveau), dans les cabarets et estaminets de la rue de La Bâtie et du passage de l'Épaule. Arrivés au quartier de la grande boucherie (le Mazel), ils chantaient et criaient tellement, que, les habitants du quartier se mirent aux fenêtres pour les disputer. À une voisine qui les menaçait de la justice divine et des feux de l'enfer, Simon répondit :

— Gardez vos sermons pour les bigotes ; si un jour le diable veut m'emporter, je ne me signerais pas, je monterais sur son dos comme sur mon cheval et je le ferai avancer à grands coups de bâton.

La compagnie s'esclaffa en décochant quelques quolibets à la particulière. Jacquemart venait tout juste de sonner minuit, le Fanfoué qui était un peu moins *couflon* (saoul) que les autres, pensa tout haut :

— Comment allons nous rentrer à Saint-Romain (les Chapeliers), surtout que ça monte rudement ?

Bien qu'il fasse nuit noire, la rue était éclairée par la lanterne d'une auberge garnie d'une de ces grosses chandelles en suif que fabriquaient les artisans du Mazel. La clarté se reflétant dans le ruisseau, ils aperçurent soudain le museau d'un cheval qui buvait dans la rigole.

— Un bidet tout seul à cette heure ! s'écria le Glaude.

— Il a du s'échapper d'une écurie ! répondit le Mile.

— *Vo lu monta dissé !* dit le Guste. Il prit son élan, lança la jambe, et se retrouva à *caballon* (califourchon).

— Fais moi une place derrière toi ! dit Piare.

— Et moi ! ajouta Jean en montant également.

Puis Simon, Bartho, Ennemond et le Zidore enfourchèrent l'animal. Au fur et à mesure qu'ils montaient sur le dos du cheval, celui-ci s'allongeait pour que chacun puisse prendre place ; mais aucun d'eux ne s'en aperçut tant ils étaient ivres.

Voilà notre bidet chargé de ces quinze garnements, il frappe du pied, souffle, hennit et se met à galoper en direction de la rue des Faure. Comme il arrivait au croisement de la Grand'rue de la pêcherie, voyant qu'il ne s'arrêtait pas, mais qu'il filait au grand galop vers le port, le Guste fit un signe de croix, pensant qu'ils allaient tous être noyés dans l'Isère.

À peine avait-il accompli ce geste que le cheval se cabra et recula. Il frappa le sol d'un violent coup de sabot et d'une ruade expédia dans les airs, nos quinze amis qui se retrouvèrent éparpillés sur le sol.

Un grand trou s'ouvrit au milieu de la place dans lequel le cheval disparut. Quand nos sacripants reprirent leurs esprits, ils réalisèrent qu'ils avaient bien failli être emportés par le diable.

Le lendemain matin, à l'endroit du trou, les Romanais découvrirent un puits d'où s'écoulait une eau claire et fraîche qui alimente depuis une fontaine baptisée « Fontaine du Puits du Cheval ».

La déroute du comte de Toulouse

Le village de Bouchet est situé à quelques kilomètres de Suze-la-Rousse, dans cette pointe du département de la Drôme où les noms des lieux chantent comme autant de bouteilles renommées, présentes sur les meilleures tables et dans les caves bien garnies.

Les jours s'écoulaient paisiblement dans ce pays des Ligures, passé de l'empire Romain à celui de Charlemagne et administré longtemps par les princes d'Orange, dont l'un deux, Raymond des Baux, fit construire vers 1150 une abbaye fortifiée pour des religieuses cisterciennes.

Rapidement des paysans et artisans vinrent s'établir auprès du monastère et édifièrent d'imposants remparts pour mettre leur cité à l'abri des bandes de pillards et des seigneurs brigands qui écumaient le midi de la France.

Les habitants s'affairaient à leurs activités au milieu des senteurs de lavande, se retrouvant parfois le soir autour de gigantesques omelettes aux truffes, lorsqu'un hôte encombrant vint se retirer dans le couvent : Bertrand de Garrigue. Mais que pouvait-on reprocher à ce Bertrand qui allait être élevé au nombre des Saints ?

Bertrand avait été le secrétaire de Dominique de Gusman, futur saint Dominique qui vint d'Espagne en France pour travailler à la conversion des Albigeois.

Ayant échoué par la douceur, Dominique obtint du pape Innocent III, l'autorisation d'extirper l'hérésie par le fer et le feu. Ce moine fanatique, arma une croisade conduite par le comte Simon de Montfort. On le voyait courir à travers les rangs des soldats un crucifix à la main pour les encourager au massacre. Raymond VI, le comte de Toulouse qui défendait ses sujets, fut défait et fustigé en place publique par le pape lui-même. Ses

États furent donnés au cupide Simon de Montfort qui pour s'approprier les biens des nobles, utilisa l'ordre des frères prêcheurs créé par Dominique à qui il confia le tribunal de l'inquisition.

En 1218, Raymond VI devait reprendre Toulouse au cours d'un siège où Simon de Montfort fut tué. Raymond VII succéda naturellement à son père en 1222.

Ce prince, créateur de la célèbre foire de Beaucaire, était né dans cette ville qu'il administrait pour le bien de tous. Le comté de Toulouse comprenait à cette époque outre le Languedoc : Le Vivarais, le marquisat d'Uzès, le Gévaudan, le Périgord, le Rouergue, l'Auvergne et une partie de la Provence.

En séjour à Beaucaire, Raymond VII décida de passer le Rhône et de mener une expédition punitive contre le couvent de Bouchet pour s'emparer de Bertrand de Garrigue. Le comte installa son campement sous les murailles et lança à ses lieutenants :

— Nous allons passer la nuit ici et demain matin nous prendrons le bourg.

À la hâte, le chapelain réunit un véritable conseil de guerre dans le réfectoire du monastère. Les armes sont presque inexistantes ! On fait l'inventaire des effectifs : une trentaine d'hommes valides. Quand aux religieuses, elles ne pourront que soigner les blessés.

— Si nous jetions de l'huile bouillante sur les assaillants, nous gagnerions du temps, cela permettrait d'attendre un secours éventuel, proposa le forgeron.

— Mais quel secours ! Aucun châtelain du Tricastin n'est en mesure de s'opposer au comte de Toulouse et faudrait-il encore qu'il le veuille bien.

— En tout cas, si nous nous rendons, Raymond aura tôt fait de pendre notre confesseur au premier arbre venu, fit remarquer la Tourière.

Un jeune berger qui jusque là n'avait pas prit part à la conversation s'avança :

— Nous n'avons peut-être pas d'huile à lancer sur nos ennemis, mais quelque chose d'aussi redoutable.

— Et que peut bien être cette arme redoutable à laquelle personne n'a pensé ? fit cyniquement le chapelain.

— Les abeilles !

— Les abeilles ?

— Oui, les abeilles. Nous avons dans la garrigue des centaines de ruches au milieu des genêts et des lavandes. Lorsque les abeilles se sentent en danger, elles ne demandent qu'à piquer et je ne connais personne qui soit insensible aux piqûres. Certains en sont même morts.

— Vous n'y pensez pas ! s'exclama la mère abbesse, nous allons perdre notre récolte de miel !

Le forgeron rétorqua :

— Mieux vaut perdre une récolte que perdre la vie ! C'est Dieu qui a inspiré ce garçon et nous allons nous mettre tout de suite au travail.

Ainsi toute la nuit pendant que les troupes du comte de Toulouse montaient la garde devant la porte principale, les habitants du Bouchet transportaient à travers un souterrain tout ce qu'ils avaient pu trouver de ruches. Les sœurs avaient allumé de grands feux dans les cheminées, afin de revigorer les abeilles engourdies par la fraîcheur nocturne et de les rendre plus agressives.

Dès que l'assaut fut donné, les défenseurs précipitèrent les ruches du haut des remparts. La surprise fut totale, les fantassins tombaient des échelles, les cavaliers se voyaient expédiés dans les airs par les ruades des chevaux, tant et si bien qu'un vent de panique s'empara des soldats qui s'enfuirent dans la campagne, le visage boursouflé.

Qu'advint-il de cette troupe ? Personne ne le sut jamais. Les abeilles avaient sauvé Bouchet. On reconstruisit à la hâte de nouvelles ruches pour les sinistrés et la récolte eut lieu comme chaque année.

Table des matières

Blanc. **Valence, des origines aux Carolingiens**. 156pp. 25e
Brun-Durand. **Dictionnaire topographique Drôme**. 650pp. 50 e
Flandreysy. **Histoire de Valence**. 180 pages. *Gravures*. 22e
Fontvieille. **Mandrin**. 328 pp.*La meilleure biographie de Mandrin*. 14e
Fréchet. **Dictionnaire du parler de la Drôme**. 192pp. 15e
Garcin**. La patrie en danger**. *Les bataillons drômois*. 352pp. 14 e
Garcin. **Mathieu Bouvier. Un Drômois et Napoléon**. 560pp. 25 e
Lafond. **Dis mamie raconte**. Histoire imagée de la vie rurale dans les hauts-plateaux du Diois. *Dessins en chaque page sur la vie rurale.* 160 pages. 14,94 e
Palengat P. **La Drôme insolite**. Dictionnaire historique... Les 372 communes drômoises. 650pp. *Somme sur le département*. 29,73e
Palengat-Walch. **Carnet de Voyage dans la Drôme**. 96 pages d'aquarelles reproduites en NB et en couleurs avec un texte manuscrit. 14,48e
Pouzin. **Une famille, un village, une histoire. Saint-Paul-lès-Romans**. *Une page de l'agriculture dans le Drôme.* 240pp. Photos. 20,58 e
Rambaud-Bénévise. **Il était une fois... Bourg-lès-Valence**. 48 pages. *Cartes postales anciennes*. 9,91 e

FONDS ALBIN MAZON (DR FRANCUS)

La franc-maçonnerie en Ardèche. 288pp. 50 e
La guerre de 100 ans en Vivarais. 338pp. 27,44
Le préhistorique dans l'Ardèche. 20 e
Les églises du Vivarais. 2 volumes (650 pages). « *Charta Vetus* ». 114 e
Les huguenots du Vivarais. 4 volumes. 1 628pp. 200 e
Les muletiers du Vivarais. 128 pages. 19 e
Notes historiques sur Saint-Agrève. 196pp. 15 e
Notice sur la Baronnie de La Voulte. 398pp. 26,68 e
Notice sur Uzer. 94pp. 8,38 e
Notice sur Vinezac. 196pp. 8,38
Voyage au Bourg-Saint-Andéol. 440pp. 20e
Voyage autour d'Annonay. 332pp. 38 e
Voyage autour de Valgorge. *2 volumes recomposés*. Environ 500pp. 45,73 e
Voyage aux pays volcaniques du Vivarais. *2 volumes*. Environ 500pp. 45,73e
Voyage dans le midi de l'Ardèche. *2 volumes*. Environ 500pp. 45,73e
Voyage autour de Crussol. 280 pages. 23e
Privas. 120 pp. 15 e
Chronique religieuse du vieil Aubenas. 180 p. 20 e
La commanderie des Antonins à Aubenas. 100pp. 18e
La baronnie de Jaujac. 350 pages. 38e

FONDS VIVARAIS-ARDÈCHE

Almanach Ardèche & Drôme. 1995, 1996, 1997, 1998, 1999, 2000, 2001, 2002, 2003, 2004. *192 pages avec de très nombreux textes régionaux. L'année*. 4,50 e
Antressangle. **La mémoire de l'Ardèche**. 64pp. Cartes postales anciennes. 7,47 e
Arnaud. **Histoire des protestants d'Annonay**. 128pp. *Fac-similé* (épuisé)
Bénévise Jacques. **Ardèche du nord**. 48pp. 9,91e
Bénévise Jacques. **Ardèche du sud**. 48pp. *La mémoire de l'Ardèche.* 9,91e
Benoît-d'Entrevaux. **L'armorial du Vivarais**. Dessins des blasons par Jourda de Vaux. Complément aux Châteaux du Vivarais. 650 pp. 105,95 e
Benoît-d'Entrevaux. **Les châteaux du Vivarais**. *Retirage*. 350pp. *Blasons*. 99,09e
Besson-Michaux. **Documents du Vivarais**. 128 pp. 99,09 e
Carlat. **L'Ardèche des 4 saisons**. 128pp. *Almanach*. 9,15 e
Crussol, Saint-Péray et les environs... 228pp. *Trois livres regroupés*. 19 e
D'Albigny. **Descente de la vallée de l'Ardèche**. 32pp. 4,57e

D'Indy (Vincent). **Les chansons du Vivarais** (Op. 101). 128pp. 9,91 e
Dalmas. **Les sorcières du Vivarais**. 254pp. 22,11 e
Daubeton. **La vie de Saint François Régis**. 350pp. Gravures de médailles. 22,11 e
De Gigord. **Le mandement de Joanas.** 360 pages. Nombreux blasons. 68,60 e
Desplat-Duc. **L'aventure obligatoire. Le STO** (1943-1945). 128 pp. 12,96 e
Encyclopédie Ardèche-Vivarais. *432p. Photos NB et couleurs.* 29,73 e
Faujas de Saint-Fond. **Volcans éteints du Vivarais**. Cartonné. 190e
Gardès. **Un lac majeur, Issarlès.** *Gravures* 7,62 e
Jacques Bury. **La Poste du rail en Ardèche**. 96pp. 14,94 e
Jolivet. **Chouans du Vivarais**. 112pp. *La contre-Révolution.* 20 e
Jolivet. **La Révolution en Ardèche.** 596pp. (épuisé)
Larriaga Marielle. **Ardéchois, entends-tu ? La Résistance**. 160 pages. 14,94 e
Le dossier Peyrebeille. Et si les aubergistes étaient innocents ? 320p.18,29 e
Les commentaires du soldat du Vivarais. 318pp. 26,68 e
Lhermite. **Descente d'Ardèche en bateau. Vallon-Saint-Martin.** 64pp. 9, 15 e
Marichard (O. de). **Dolmens de l'Ardèche**. 32pp. 5,34 e
Mollier. **Saints & pieux personnages de l'Ardèche**. 504pp. (épuisé)
Olivier de Serres. **Théâtre d'Agriculture et mesnage des champs**. 250pp. 19,06 e
Pastor Jean-Marc. **Les pierres à venin en Ardèche.** 128pp. 11,43 e
Paysan. **Journal de Jacques de Beauvoir de Roure**. 128pp. 14,48 e
Paysan. **Maladies, médecine et pharmacopée populaire**. 210pp. 19,06e
Pellet. **La dernière charbonnière de l'Ardèche**. 32pp. 4,57 e
Peschier. **La grotte pour 25 centimes : l'affaire grotte Chauvet**. 156p. 14,48 e
Poret Jean-Pierre. **La franc-maçonnerie en Drôme-Ardèche**. 14,94 e
Reboul Annet. **Les mœurs de l'Ardèche**. 350pp. 350F
Reynier. **Saint-Sauveur-de-Montagut**. 176pp. *Cartes postales.* 19,06 e
Ribon. **D'Artagnan en Ardèche. Une affaire d'état. La révolte de Roure en 1670**. Archives Authentiques et Inédites du Roi Louis XIV. 350 pages. 19,51 e
Ribon. **Pierres qui guérissent.** 180pp. 20 e
Ribon. **Voyage en Basse Ardèche**. Pays de Berg, vallée de l'Ibie, Coiron. Berg.
Mazan, Cîteaux : 800 ans d'histoire. 256pp. 20,58 e
Rostaing. **Loges maçonniques. d'Annonay.** 388pp. 38 e
Valladier-Chante. **Vallon-Pont-d'Arc au Moyen-Âge**. 240pp. 22,87 e
Veyrenc. **Le Diable Rouge. Émile Bourgès**. Le *fildefériste.* 128 pp. 12,96 e
Vicomte de Vogüé. **Notes sur le bas-Vivarais.**128pp. 14,48 e
Villain. **La France moderne (Drôme-Ardèche).** 980pp. Cartonné. *Ouvrage de référence pour la généalogie.* 820F (épuisé, en retirage)
Volane. **En Vivarais - Ardèche.** 192pp. 14,48 e
Volane. **Histoire de l'Ardèche & du Vivarais.** 192pp. Gravures. *Une histoire de l'Ardèche qui se lit comme un roman.* 14,48 e

VIE PRATIQUE-CUISINE

Blanc. « Le Cochon ». **Le seigneur** de nos **campagnes**. 136 pages. *Recettes.* 14,48 e
Blanc. **La Châtaigne, trésor d'automne**. 150pp. 14,48 e
Blanc. **Vingt ans de cuisine buissonnière**. 160pp. Dessins. 14,48 e
La Vallée du Rhône gourmande. Photos couleurs. Cartonné. Grand format. *La cuisine par les grands chefs drômois.* 28,97 e
Michèle Saint-Alban. **L'Ardèche, recettes traditionnelles**. Nombreux dessins. *Le livre de référence de la cuisine ardéchoise.* 13e
Michèle Saint-Alban. **La cuisine du Vivarais.** 32pp. 4,57 e
Myrtilles d'Ardèche, recettes & gourmandise. 56pp. 7,62 e
Reyne. **Marrons et châtaignes d'Ardèche**. 208pp. 18,29 e

Sites & Vins des Côtes du Rhône. Photos couleurs. 9,91 e

GUIDES

Bernard. **Circuits VTT en Ardèche**. Cartes. 128pp. 9,91 e
Daniel Ratz. **Découverte géologique en Drôme-Ardèche**. 64pp. Photos. Planches en couleurs. *Une étude très documentée.* 12 e
Daniel Ratz. **Tremblement de terre en Drôme-Ardèche**. 96pp. Photos. 12e
Dictionnaire d'Amboise. Dauphiné et Ardèche. 4 000 définitions, 600 photos couleurs. 432 pages. Cartonné. Étui en couleurs. 25 e
Dupont. **Guide du Vercors**. 312pp. Photos couleurs. 25 e
Jean Duc. **Des rivières sous le Coiron**. Spéléo. 128 pp. 19,06 e
Joanne. **Département de l'Ardèche**. Gravures. 7,55 e
Joanne. **Département de la Drôme**. Gravures. 7,55 e
Landrin. **Balades en Ardèche**. 144pp. 300 photos. 22,11e
Le guide Ardèche : guide des sorties, balades. 192pp. 6,86 e
Les plus belles balades autour de Valence. 144pp. Photos. 22,11e
Palengat P. **La Drôme insolite**. Dictionnaire historique... Les 372 communes drômoises. 650pp. *Sept ans de recherche.* 29,73 e
Palengat. **Petite Drôme insolite**. 32pp. Gravures. 4,57 e
Palengat-Walch. **Carnet de Voyage dans la Drôme**. 96 pages d'aquarelles reproduites en NB et en couleurs avec un texte manuscrit. 14,48 e
Randonnées Drôme : Vercors sud. 198pp. Photos. 9,45 e
Randonnées en Ardèche. 180pp. Photos, plans. 9,45 e
René Saint-Alban. **Guide de l'Ardèche insolite**. 224pp. Nombreux dessins. *Un voyage dans le merveilleux ardéchois.* 12,04 e
René Saint-Alban. **Trésors d'Ardèche, la Grotte Chauvet**. 3e
Rêves du Dauphiné-Ardèche. Photos couleurs. 144 pages. Cartonné. Étui en couleurs. Superbes photos pleine page. 30 e
Riou. **Le guide de l'Ardèche**. 470pp. Couverture cartonnée. 20 e
Saint-Alban-Pisano. **Chasse aux trésors en Ardèche**. 32 pp. 4,57 e
Saint-Alban. **Fées et lutins et personnages en Ardèche**. 32pp. 4,42 e
VTT. Ardèche méridionale. Aubenas et sa région. 128pp. 3e
VTT. Ardèche méridionale. Des Vans à Vallon. 148pp. 3 e
VTT. Cévennes (Navacelles, Mt-Aigoual, GorgesTarn...). 96pp. 3 e

ROMANS ET CONTES

Buisson. **Contes de la Galaure**. Photos. 13 e
Cheynel. **L'Ardèche de l'Étoile et du Mage**. 13 e
Cheynel. **L'Ardèche aux yeux profonds**. 152pp. 13 e
Garcin. **Le cœur d'Émeraude**. Roman drômois. 256pp. 9 e
Ginet J-P. **Contes et légendes de la Drôme**. 128pp. Dessins. 8,38 e
Hélène Cheynel. **Contes, légendes & histoire de l'Ardèche**. *Les plus beaux contes et histoire de la célèbre conteuse ardéchoise.* 192 pages. Gravures. 14,48 e
Kœchlin. **Passez devant, docteur**. *Un médecin en Drôme-Ardèche.* 160pp. 11,43e
Lévesque-Géry. **Errance entre Rhône et montagne**. 96pp. 11,43 e
Lévesque-Géry. **Ferdinand et les loups**. Roman. 11,43 e
Monroi. **Les Gens de Saint-Julien.** 3 tomes. Romans. *Une saga drômoise. La vie d'une famille.* 672pp. Les 3 volumes : 38,87 e
Pellet. **Ardèche, soleil d'orage**. 160pp. Roman. 11,43 e
Sentis. **La légende dorée du Vivarais**. Photos couleurs. 11,43 e
Vasthye. **La licorne du Coiron**. *Contes drômois et ardéchois.* 192pp. 13 e

DIFFUSION-DISTRIBUTION-LIBRAIRIE

Balazuc. **Mémoire de Pierre**. Histoire de Ruoms en Ardèche. *Nombreuses photos*. 240 pages. Grand format. 38 e

Balazuc. **Mémoire de Soie**. 196pp. 38 e

Chemins huguenots de l'Ardèche. 6 livres (48 ou 64 pp. par vol.) + carte. Nombreuses photos couleurs,. Les 6 volumes : 41,16 e

Chomel. **Madame de Sévigné à Grignan**. 224pp. Photos. Couverture cartonnée. (165F éditions Aubanel). 15 e

Font**. La marquise de Sévigné**. 96pp. Photos. 3,80e

Moutier. **Le Rhône-Lo Ròse**. Français/occitan. 14,48 e

Oberti. **Jean Chièze, graveur sur bois.** 422pp. 21x29cm. Cartonné. Très nombreuses reproductions. *Le graveur ardéchois et son œuvre*. 53,36 e

Catalogue éditeur gratuit sur simple demande

Nos livres sont disponibles dans toutes les bonnes librairies.

Si vous ne pouvez pas les obtenir,
nous pouvons vous les expédier.
*(Ajouter forfaitairement 5 euros
pour les frais d'expédition pour la France).*

De larges extraits de nos livres sont sur notre site internet :

www.labouquinerie.com

10 000 livres anciens de 1500 à nos jours
sur notre site internet, classés par rubriques
dont 1000 livres anciens
sur la Drôme et l'Ardèche.

*Vous rechercher un livre épuisé :
450 000 livres anciens de 1500
à nos jours disponibles
sur nos bases de données.*

Isbn : 2-910669-49-1